厚大法考

2023年国家法律职业资格考试

主观题

万能金句·设问角度·三位一体

民诉法

采分有料

Civil Procedure Law

刘鹏飞 编著

厚大出品

中国政法大学出版社

书痴者文必工　艺痴者技必良

2023厚大在线学习群专享

01 法考讯息速递
节点提醒，考情分析，关键信息整合

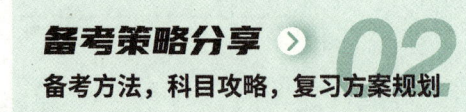

02 备考策略分享
备考方法，科目攻略，复习方案规划

03 专属内部资料
思维导图，阶段讲义，每日干货分享

04 专场直播分享
热点评析，干货讲座，资料直播解读

05 好课即速获取
超值课程，专属优惠，尽揽一手信息

扫码回复"学习群"
即可加入

代总序
做法治之光
——致亲爱的考生朋友

如果问哪个群体会真正认真地学习法律，我想答案可能是备战法考的考生。

当厚大的老总力邀我们全力投入法考的培训事业，他最打动我们的一句话就是：这是一个远比象牙塔更大的舞台，我们可以向那些真正愿意去学习法律的同学普及法治的观念。

应试化的法律教育当然要帮助同学们以最便捷的方式通过法考，但它同时也可以承载法治信念的传承。

一直以来，人们习惯将应试化教育和大学教育对立开来，认为前者不登大雅之堂，充满填鸭与铜臭。然而，没有应试的导向，很少有人能够真正自律到系统地学习法律。在许多大学校园，田园牧歌式的自由放任也许能够培养出少数的精英，但不少学生却是在游戏、逃课、昏睡中浪费生命。人类所有的成就靠的其实都是艰辛的训练；法治建设所需的人才必须接受应试的锤炼。

应试化教育并不希望培养出类拔萃的精英，我们只希望为法治建设输送合格的人才，提升所有愿意学习法律的同学整体性的法律知识水平，培育真正的法治情怀。

厚大教育在全行业中率先推出了免费视频的教育模式，让优质的教育从此可以遍及每一个有网络的地方，经济问题不会再成为学生享受这些教育资源的壁垒。

最好的东西其实都是免费的，阳光、空气、无私的爱，越是弥足珍贵，越是免费的。我们希望厚大的免费课堂能够提供最优质的法律教育，一如阳光遍洒四方，带给每一位同学以法律的温暖。

没有哪一种职业资格考试像法考一样，科目之多、强度之大令人咋舌，这也是为什么通过法律职业资格考试是每一个法律人的梦想。

法考之路，并不好走。有沮丧、有压力、有疲倦，但愿你能坚持。

坚持就是胜利，法律职业资格考试如此，法治道路更是如此。

当你成为法官、检察官、律师或者其他法律工作者，你一定会面对更多的挑战、更多的压力，但是我们请你持守当初的梦想，永远不要放弃。

人生短暂，不过区区三万多天。我们每天都在走向人生的终点，对于每个人而言，我们最宝贵的财富就是时间。

感谢所有参加法考的朋友，感谢你愿意用你宝贵的时间去助力中国的法治建设。

我们都在借来的时间中生活。无论你是基于何种目的参加法考，你都被一只无形的大手抛进了法治的熔炉，要成为中国法治建设的血液，要让这个国家在法治中走向复兴。

数以万计的法条，盈千累万的试题，反反复复的训练。我们相信，这种貌似枯燥机械的复习正是对你性格的锤炼，让你迎接法治使命中更大的挑战。

亲爱的朋友，愿你在考试的复习中能够加倍地细心。因为将来的法律生涯，需要你心思格外的缜密，你要在纷繁芜杂的证据中不断搜索，发现疑点，去制止冤案。

亲爱的朋友，愿你在考试的复习中懂得放弃。你不可能学会所有的知识，抓住大头即可。将来的法律生涯，同样需要你在坚持原则的前提下有所为、有所不为。

亲爱的朋友，愿你在考试的复习中沉着冷静。不要为难题乱了阵脚，实在不会，那就绕道而行。法律生涯，道阻且长，唯有怀抱从容淡定的心才能笑到最后。

法律职业资格考试不仅仅是一次考试，它更是你法律生涯的一次预表。

我们祝你顺利地通过考试。

不仅仅在考试中，也在今后的法治使命中——

不悲伤、不犹豫、不彷徨。

但求理解。

厚大®全体老师　谨识

前言
FOREWORD

　　本书是针对国家法律职业资格主观题考试出版的学习资料，写作目标是为大家提供最后冲刺阶段的学习资料。在主观题复习过程中，尤其是考前的攻坚阶段，我们都需要做哪些准备呢？

　　首先，是知识点的扎实记忆。应该说，并不是民事诉讼法所有的知识内容都适合在主观题命题中体现。对于能够在主观题中反复考查的内容，大家更应该高度重视，并且做到扎实掌握。"巧妇难为无米之炊"，没有记忆的基础，就谈不上灵活运用、做题得分。本书整理了主观题考试最关注的理论专题，精细梳理，并以适合背诵的形式体现出来，大家要耐心研读、精准背诵，为最后的冲锋厉兵秣马。

　　其次，是做题技巧的训练。良好的技巧和熟练的做题方法能够令大家事半功倍。本书选取法考真题或经典判例作为讲解范本，精心讲授了如何快速高效、准确娴熟地解答主观案例题。相信解题思路的介绍和解题方法的推荐能让大家有所启发。

　　最后，是运用知识实战演习的能力。我们所储备的知识和训练的能力必然要在考场上接受试题的最终洗礼。所以，做题得分，是我们的出发点和落脚点。本书精心编制了案例题供大家检验知识和实战演练。这些案例题均为综合题，题目中的人名和地名是虚拟而成，题目结构也尽量贴近考试的风格，以期能够有效地扩展大家的思维、强化大家解题的能力。

　　希望本书能为大家顺利通过主观题考试添薪加油，让大家在追逐梦想的路上更有信心和方向。预祝大家马到成功！

刘鹏飞

2023 年 7 月

目录 CONTENTS

第一部分 ▶ 知识点精粹 ········· 001

专题 1 基本理论、原则和制度 ········· 001
- 考点 1 诉的理论 ········· 001
- 考点 2 基本原则 ········· 004
- 考点 3 审判组织与合议制度 ········· 005
- 考点 4 公开审判制度 ········· 006
- 考点 5 审级制度和判决效力 ········· 006

专题 2 当事人判断 ········· 008
- 考点 1 当事人判定规则 ········· 008
- 考点 2 复数当事人的识别 ········· 009
- 考点 3 当事人追加、更换 ········· 014

专题 3 管辖权判断 ········· 016
- 考点 1 专属管辖与协议管辖 ········· 016
- 考点 2 特殊地域管辖 ········· 017
- 考点 3 一般地域管辖 ········· 018
- 考点 4 管辖权异议 ········· 019

专题 4　证据规则和证明责任 ········ 022

- 考点 1　取证与举证 ········ 022
- 考点 2　对于证据法定种类的判断 ········ 022
- 考点 3　证人、鉴定人和专家辅助人 ········ 023
- 考点 4　证据能力和证明力 ········ 024
- 考点 5　证明责任分配 ········ 026

专题 5　一审程序规则 ········ 028

- 考点 1　起诉条件 ········ 028
- 考点 2　反诉的四大特点 ········ 031
- 考点 3　庭审流程 ········ 032
- 考点 4　当事人不到庭的处理 ········ 032

专题 6　二审的处理 ········ 034

- 考点 1　两审终审制 ········ 034
- 考点 2　二审裁判 ········ 035

专题 7　审判监督 ········ 037

- 考点 1　当事人申请再审的条件 ········ 037
- 考点 2　再审的管辖 ········ 038

专题 8　案外人救济和被执行人的追加 ········ 040

- 考点 1　案外人救济制度 ········ 040
- 考点 2　执行案外人财产时的救济体系 ········ 041
- 考点 3　利害关系人救济制度总结 ········ 043

专题 9　仲裁程序 ········ 049

- 考点 1　协议仲裁 ········ 049
- 考点 2　或审或裁 ········ 049
- 考点 3　一裁终局 ········ 051
- 考点 4　仲裁与破产 ········ 051

专题 10　跨越程序的规则总结 ·· 053

考点 1　和解与调解 ·· 053

考点 2　"增变反"的处理 ·· 053

考点 3　撤诉与裁判的生效 ·· 054

考点 4　民事诉讼中检察院的作用 ·· 054

考点 5　在线诉讼的重要规则 ·· 055

第二部分 ▶ 面批面改　　　　　　　　　　　　　　　056

案例 1　杨某与乙汽车服务公司买卖合同纠纷 ·· 056

案例 2　D 公司与 T 公司反垄断纠纷 ·· 061

案例 3　王某与 HL 商贸公司法人人格否认纠纷 ·· 065

案例 4　方选与计算机网络有限公司网络侵权纠纷 ·· 069

案例 5　顾女士等著作权侵权纠纷 ·· 072

案例 6　西虹众鑫煤矿与东海秀盈公司返还垫支款纠纷 ·· 076

案例 7　孙恩与郑运成、杨雪借贷合同纠纷 ·· 080

案例 8　聂武与明珠商业有限公司消费合同纠纷 ·· 084

案例 9　张璐与龙图纸业有限公司货款纠纷 ·· 088

案例 10　李润发与董冬梅确认人民调解协议案件 ·· 093

案例 11　郭杭州案外人异议之诉 ·· 097

案例 12　孙秉承与吴磊存量房买卖居间合同纠纷 ·· 101

知识点精粹 第一部分

专题 1 基本理论、原则和制度

考点 1 诉的理论

诉讼标的	概念	当事人在诉讼中争议的实体法律关系。	
	应用	一个诉中必然存在一个诉讼标的，任何案件中都必须存在诉讼标的。	
		诉讼请求依据诉讼标的提出。依据某一诉讼标的，可以提出很多诉讼请求，请求变化，标的并不一定随之变化。	
		一个案件可以有多个诉讼标的。所以，一个案件中可以有多个诉合并审理，如本诉和反诉的合并、本诉和参加之诉的合并、普通共同诉讼的合并。	这些合并审理的诉都是独立的诉，在合并审理之后，各个独立的诉不丧失其独立性，这些诉可以合并或分别审理。
			其中部分诉被撤销后，其他诉不受影响，继续进行审理。

命题角度分析

1. 对诉的合并的应用

诉的合并，是指法院将 2 个或者 2 个以上存在关联关系的诉讼标的，合并于同一诉讼程序进行审查和裁判的制度。法院通过诉的合并，有助于提高诉讼效率、节约诉讼资源、预防裁判冲突等。例如，A 公司与 B 银行签订《综合授信合同》，约定流动资金贷款的综合授信额度为 1000 万元。A 公司与 B 银行先后签订 5 份《流动资金贷款借款合同》，后 A 公司到期未归还欠款，B 银行向法院提起诉讼，提交涉案的五份借款合同作为证据，要求 A 公司返还欠款 1000 万元及相应利息。这五个合同纠纷合并审理，即属于诉的合并。

[法条依据]

《民诉解释》*第 310 条　对案外人提起的执行异议之诉，人民法院经审理，按照下列情形分别处理：

（一）案外人就执行标的享有足以排除强制执行的民事权益的，判决不得执行该执行标的；

（二）案外人就执行标的不享有足以排除强制执行的民事权益的，判决驳回诉讼请求。

案外人同时提出确认其权利的诉讼请求的，人民法院可以在判决中一并作出裁判。

[运用举例一]

案情：中盛公司成立于 2010 年 11 月 9 日，股东包括颜明才、滕秀明、郭建生、徐名忠，其中郭建生出资 490 万元，持股比例为 24.5%。郭建生与谢优春签订《协议书》及《补充协议书》，约定郭建生转让 4.5% 的中盛公司股份给谢优春，并代其持有。谢优春按照上述协议约定支付了投资款，郭建生向其出具《出资证明书》。2013 年 1 月 24 日，郭建生的债权人卢新生、施民服、邓士珍申请强制执行郭建生持有的中盛公司 24.5% 的股权。谢优春提起诉讼，请求停止对案涉股权的强制执行，并确认其持有中盛公司 4.5% 的股权。

对于谢优春主张确认其股东资格的诉讼请求是否在执行异议之诉案件中进行审理，江苏省高院一审认为，确认股东资格之诉与案外人执行异议之诉系两种不同的法律关系，不宜合并审理，而应另案解决。

裁判要点：两个不同的法律关系不能在一个案件中合并审理，系审理大多数民事案件的一般性规则，其效力并不及于民事案件审理的所有领域，案外人执行异议之诉的审理程序即为特殊性规则。《民事案件案由规定》将案外人执行异议之诉列入适用特殊程序案件案由，《民诉解释》将执行异议之诉列为专门一章进行规定，均由此类案件的特殊性所决定。《民诉解释》第 312 条（现为第 310 条）规定："对案外人提起的执行异议之诉，人民法院经审理，按照下列情形分别处理：①案外人就执行标的享有足以排除强制执行的民事权益的，判决不得执行该执行标的；②案外人就执行标的不享有足以排除强制执行的民事权益的，判决驳回诉讼请求。案外人同时提出确认其权利的诉讼请求的，人民法院可以在判决中一并作出裁判。"按照该条规定，无论案外人是否对执行标的提出确权的诉讼请求，审查实体权利的归属和性质都是判断能否排除执行的前提和基础。如果案外人同时提出确

---

* 全称为《最高人民法院关于适用〈中华人民共和国民事诉讼法〉的解释》。

认其权利的诉讼请求,人民法院应当进行审理,且一并作出裁判。此外,《最高人民法院关于执行权合理配置和科学运行的若干意见》《最高人民法院关于人民法院办理执行异议和复议案件若干问题的规定》已明确人民法院的查封排除其他法院关于该查封物的另案确权,也不支持当事人另案确权。一审法院以确认股东资格之诉与案外人执行异议之诉系两种不同的法律关系不宜合并审理而应另案解决为由,对谢优春主张确认其股东资格的诉讼请求未进行实体性审理,系适用法律不当,本院予以纠正。

[运用举例二]

案情:2017年6月至2018年11月,甲公司先后与乙公司签订了三个货物买卖合同,其中,第一个合同的金额为6000万元,第二个合同的金额为8000万元,第三个合同的金额为9000万元。合同签订后,甲公司依约向乙公司交付了三个合同项下的全部货物。但是,乙公司仅支付了三个合同总金额的10%的首付款,共计2300万元。经多次催要,乙公司仍未支付剩余合同款,甲公司遂于2019年2月以乙公司为被告向法院提起诉讼,请求其支付三个合同项下未付余款总计2.07亿元及利息。法院受理后,乙公司提出异议,认为本案涉及三个合同的履行,实际上是三个诉,一审法院一并予以受理缺乏法律依据。若三个案件分开受理,根据法律和司法解释关于级别管辖的规定,三个案件应由受理法院的下一级法院而不是受理法院管辖。因乙公司对受理法院的级别管辖提出异议,受理法院作出裁定驳回了乙公司提出的管辖权异议。乙公司不服管辖权异议裁定,提起上诉。

问题:甲公司基于与乙公司的多个合同法律关系,合并起诉乙公司请求其支付货款,因这种情形并不属于法律规定的可以合并起诉的情形,法院能否一并予以受理?

裁判要点:一般而言,一个案件中应包含一个独立的诉,也就是所谓的"一案一诉"。但是,"一案一诉"并不是绝对的,存在着例外情形。具体而言,又可以区分为两种类型:①民事诉讼法规定的例外情形;②法律规定之外实务中存在的例外。在坚持"一案一诉"的常态立案基础上,允许例外情形的存在,背后的法理在于,把几个诉合并审理,可以简化诉讼程序,节省时间、人力、物力,提高办案效率,防止对数个有联系的诉作出相互矛盾的判决。本案中,按照"当事人诉的声明结合原因事实"识别一个诉的标准,甲公司基于与乙公司之间三个合同的签订及履行情况,主张乙公司承担支付货款责任,系基于三个合同事实提出三个诉的声明,应当认定为三个诉。但是,考虑到本案双方当事人均为甲公司与乙公司、合同种类和履行情况相似、甲公司的三个诉请类似,受理法院将三个诉作为普通共同诉讼进行合并审理并无不当。因三个诉合并受理之后,已经达到了受理法院级别管辖的标准,乙公司就此提出的管辖权异议不能被支持。

2. 预备合并之诉的应用

预备的诉的合并,又称为假设的诉的合并。顾名思义,其实际上是原告为防止诉讼遭受败果，在起诉时一并提起两个诉请，准备在第一个诉请不被支持之后，请求支持第二个诉请。当然，实践中还可能存在着第一个、第二个诉请不被支持，原告再行请求法院支持第三个诉请的情况。例如，买卖合同纠纷中，原告作为出卖方，起诉买受方支付合同款，但是，原告基于买卖合同可能被确认无效的考虑，在主张买受方支付合同款的同时，主张如买卖合同被确认无效，买受方应当返还货物。此类诉的提起，是因为原告往往对事实认定、举证情况、裁判结果充满疑惑，在提出第一项诉请的同时，又提出第二项诉请作为预备，假设第一项诉请不能被支持，则请求法院支持其第二项诉请。

[运用举例]

案情： 八一农场向一审法院起诉请求：

1. 确认金泥公司股东会于 2014 年 10 月 22 日作出的决议无效。

2. 确认八一农场享有金泥公司增资的 2404.2922 万元对应的股权（上述股东会决议决定增资的新股）。

3. 判令金泥公司限期向登记机关申请撤销该增资变更登记。

4. 判令金泥公司承担本案全部诉讼费用。

一审法院认为，八一农场既主张金泥公司于 2014 年 10 月 22 日作出的股东会决议无效，又请求确认其享有金泥公司增资的 2404.2922 万元的对应股权，其诉讼请求相互矛盾，经庭审释明后，八一农场明确表示不变更诉讼请求，根据《最高人民法院关于民事诉讼证据的若干规定》第 35 条（现为第 53 条）的规定，对八一农场的起诉应予驳回。

裁判要点： 当事人提出的两个诉讼请求虽然是相互矛盾的，但只要诉讼要素齐全、均符合《民事诉讼法》规定的立案标准，当事人可以在前一个诉的请求不被支持时，退一步选择主张后一个诉的诉讼请求，对当事人的两个诉，人民法院均应立案受理。

考点2 基本原则

处分原则*	(1) 当事人有权决定审理的范围和内容，集中体现为诉讼标的的选择和诉讼请求的确定； (2) 对程序的启动、终结享有主导权和决定权。

---

* 处分原则最重要的作用就是规定并保障、规范处分权，而处分权则是对处分原则在具体程序中的细化和在具体制度中的实施，承载着处分原则的法理精神。处分权的内容集中体现在，民事诉讼当事人在法律规定的范围内，有权按照自己的意愿支配自己的民事权利和诉讼权利，即可以自行决定是否行使及如何行使自己的民事权利和诉讼权利。

续表

辩论原则*	诉讼材料——当事人主张的事实和证据应来源于当事人的辩论，当事人的辩论对法院裁判以及当事人双方有约束作用。	(1) 直接决定法律效果发生或消灭的必要事实必须在当事人的辩论中出现，没有在当事人的辩论中出现的事实不能作为裁判的依据； (2) 当事人一方提出的事实，对方当事人无争议的，法院应将其作为裁判的依据； (3) 法院对案件证据的调查只限于当事人双方在辩论中所提出来的证据。

考点3 ▶ 审判组织与合议制度

一审 普通程序	原则：应组成合议庭	应由3、5、7人组成合议庭，可以吸收陪审员，陪审员与审判员具有相同的地位，但陪审员不得担任审判长。	必须开庭审理。
		七人合议庭应由3个法官和4个陪审员组成。其中，陪审员不得就法律问题进行表决。	
	例外：可以独任审理	基层法院审理的基本事实清楚、权利义务关系明确的简单民事案件**。	
简易程序	必须独任	不允许法官自审自记，必须有书记员参加庭审。	
二审程序	原则：应组成合议庭	合议庭不可以吸收陪审员。	原则上应开庭审理，但一审程序违法、适用法律错误，或者上诉请求明显不能成立的，可以不开庭。
	例外：可以独任审理	一审是基层法院审理的，对简易程序或裁定上诉的事实清楚、权利义务关系明确（较为简单）的第二审民事案件，双方当事人同意的，可以独任审理。	
再审程序	必须采用合议制度	按照一审组成合议庭（程序中可以吸收陪审员）。	必须开庭。
		按照二审组成合议庭（程序中不得吸收陪审员）。	可能不开庭。

---

* 辩论原则和处分原则一样，作用是制约审判权的滥用、保障当事人的程序主体权、维护诉讼程序的正当性。辩论权和处分权一样，同样是基于正当程序的要求，其基础应该是对当事人主体性原则的承认和对当事人意思自治的尊重。

** 但出现以下三种情况，就不能认为属于简单案件：①利益大：涉及国家利益、社会公共利益的案件；②影响大：涉及群体纠纷，可能影响社会稳定的案件，以及人民群众广泛关注或者其他社会影响较大的案件；③难度大：属于新类型或者疑难复杂的案件。

考点4 公开审判制度

审理原则上应当公开	法院调解不应公开，但当事人同意除外。		
	案件涉及国家秘密、个人隐私、商业秘密的，质证阶段不得公开。		
	公开的例外	涉及国家秘密、个人隐私的案件，法院依职权不公开审理。	若在线上进行民事诉讼，涉及国家安全、国家秘密和个人隐私的案件，法院依职权不公开审理。
		涉及商业秘密的案件和离婚案件，当事人可以单方申请不公开审理，由法院决定是否公开审理。	若在线上进行民事诉讼，涉及商业秘密、未成年人和离婚案件，当事人可以申请法院不公开审理。
评议阶段	必须不公开。		
宣判阶段	必须全部公开。		

考点5 审级制度和判决效力

我国适用两审终审制度，原则上，案件经过2次审理即告终结	调解书一律不能上诉。	调解书签收后即生效，可以对其申请再审。
	判决书一般可以上诉，最高院一审的、适用小额诉讼程序的、非民事诉讼程序审理的案件的判决不能上诉。	（1）判决作出即具备确定力，非经法定程序不得撤销。 ①法院作出一审判决，原则上可以上诉，当事人不上诉的，经过上诉期才生效； ②法院作出二审判决，不可上诉，作出就生效； ③两审终审的案件，一审判决不生效，二审判决是生效判决。
		（2）生效判决具备证明效力，生效判决书中认定的事实属于免证事实。
		（3）具有给付性内容的判决具备执行力，可以申请法院强制执行。
	裁定书一般不能上诉，不予受理、驳回起诉、管辖权异议的裁定可以上诉。	

命题角度分析

1. 处分原则与撤诉

（1）原告应当预交而未预交案件受理费的，法院应当通知其预交，通知后仍不预交或者申请减、缓、免未获批准而仍不预交的，裁定按撤诉处理；

（2）在一审法院作出管辖权异议裁定前，原告申请撤回对已经进入破产程序的被告的起诉的，应当先对原告的撤诉申请作出处理，再确定案件管辖问题。

2. 辩论原则与自认

在关联的诉讼中，权利人对于同一案件事实，在前一案件中予以明确的意思表示，在该案生效的情形下，该意思表示亦能约束后一关联案件对于该事实的确认。权利人在后一关联案件诉讼中出于对其有利的角度而否认前一案件中对同一事实的意思表示，有悖于其于前一案件中的自认，亦有违诚实信用，不予采纳。

专题 2 当事人判断

考点 1 当事人判定规则

公民（必须已经出生、尚未死亡）	个体工商户	有字号的，字号做当事人。	
		无字号的，经营者做当事人；登记的经营者与实际经营者不一致的，二者为共同诉讼人。	
	提供劳务的人侵权	只能以接受劳务的人作为被告。	
	劳务派遣	劳动者侵权	不能起诉劳动者，可以以用工单位、派遣单位单独或共同作为被告（二者承担按份责任）。
		劳动者被侵权	一般以用工单位及派遣单位作为共同被告（二者承担连带责任）。
法人	法人只要尚未注销，就由法人做当事人	清算前，法定代表人出庭。	
		清算中，破产管理人或者清算组负责人出庭。	
	若法人未经清算就注销，法人的股东、发起人、设立人做当事人。		
	职务行为	只能以法人作为当事人。	
非法人组织	法人的分支机构	可以以法人、分支机构共同作为被告	可以追加法人为被执行人。
	独资企业、合伙企业	以独资或合伙企业为当事人	可以追加出资人、合伙人为被执行人。

命题角度分析

1. 劳务派遣单位不仅要与被派遣的劳动者订立劳动合同，还要和用工单位订立劳务派遣协议，用人单位、用工单位和劳动者之间存在劳动法律关系。如果用工单位与被派遣的劳动者发生劳动争议，内容涉及用工单位与用人单位签订的劳务派遣协议，在这种情况下，用人单位和用工单位都与劳动争议有关系。因此，《劳动争议调解仲裁法》第22条第2款规定，劳务派遣单位或者用工单位与劳动者发生劳动争议的，劳务派遣单位和用工单位为共同当事人。此时，劳务派遣单位和用工单位承担连带责任。

2. 合伙企业的债务，是指在合伙企业存续期间，以合伙的名义与第三人发生民事权利与义务关系时所形成的债务。它既包括由合伙企业不履行合同所产生的违约之债，也包括由于合伙企业的侵权行为所产生的侵权之债。合伙企业的债权人因合伙债务提起诉讼、仲裁，依法核准登记的字号的合伙企业是适格的诉讼当事人。

合伙企业对其债务，应先以其全部财产进行清偿。合伙企业的全部财产，是指合伙人的出资、以合伙企业名义取得的收益和依法取得的其他财产。合伙企业不能清偿到期债务的，才由合伙人互负无限连带责任。

考点2 复数当事人的识别

命题角度分析

1. 当事人的结构图示
(1) 传统民事诉讼

原告 ——诉讼标的—— 被告

(2) 必要共同诉讼

原告1
原告2 ——诉讼标的—— 被告

(3) 普通共同诉讼

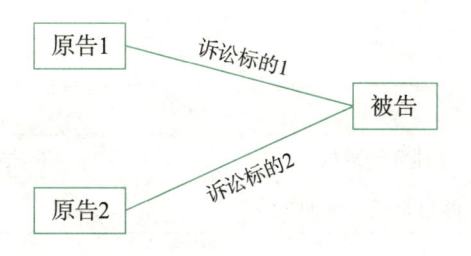

原告1 ——诉讼标的1—— 被告
原告2 ——诉讼标的2—— 被告

(4）有独三

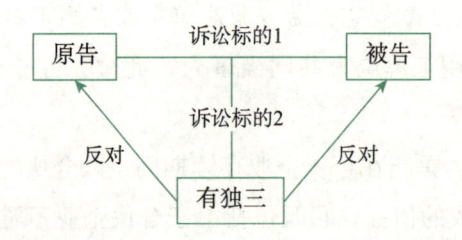

```
原告 ──诉讼标的1──→ 被告
  ↖     诉讼标的2     ↗
   反对              反对
        ↖  有独三  ↗
```

(5）无独三

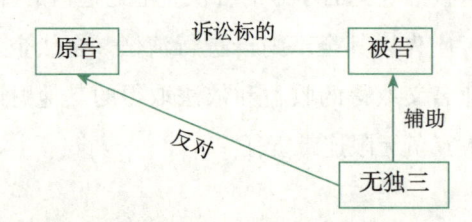

```
原告 ──诉讼标的──→ 被告
  ↖              ↑
   反对          辅助
        无独三
```

2. 当事人区分的具体标准

（1）必要共同诉讼与普通共同诉讼的识别

	必要共同诉讼	普通共同诉讼
共同点	一方当事人达到 2 人以上	
标的数量	唯一	多个，但属于同一类（彼此牵连）

（2）必要共同原告与有独三的识别

	必要共同诉讼原告	有独三
诉讼标的	唯一	有本诉和参加之诉两个标的
利益关系	有共同利益	与本诉当事人均对立

（3）必要共同被告与无独三的识别

	必要共同诉讼被告	无独三
法律关系	与原告之间存在法律关系	与原告之间不存在法律关系

（4）有独三与无独三的识别

	有独三	无独三
参诉原因	有独立请求权	有法律上的利害关系
参诉方式	起诉（提起第三人参加之诉）	申请或通知

续表

	有独三	无独三
参诉基础	一般是基于物权或继承权	一般是基于债权
利益关系	反对原告和被告	辅助一方，反对另一方

3. 先诉抗辩权

先诉抗辩权，是指一般保证的保证人在主债权人向其请求履行保证责任时，保证人可在主合同债权债务纠纷未经审判或仲裁，并就主债务人财产依法强制执行仍不能履行债务前，拒绝承担保证责任的权利。

先诉抗辩权的依据来源于《民诉解释》第 66 条和《民法典》第 687 条第 2 款的规定。具体而言，《民诉解释》第 66 条规定，因保证合同纠纷提起的诉讼，债权人向保证人和被保证人一并主张权利的，人民法院应当将保证人和被保证人列为共同被告。保证合同约定为一般保证，债权人仅起诉保证人的，人民法院应当通知被保证人作为共同被告参加诉讼；债权人仅起诉被保证人的，可以只列被保证人为被告。《民法典》第 687 条第 2 款规定，一般保证的保证人在主合同纠纷未经审判或者仲裁，并就债务人财产依法强制执行仍不能履行债务前，有权拒绝向债权人承担保证责任，但是有下列情形之一的除外……

所谓依法"强制执行无效果"，包括执行结果不能清偿债务或不足以清偿债务等情形。例如，拍卖主债务人的财产无人应买，或拍卖所得价款仅能清偿一部分债务，或主债务人虽有财产却不知其所在等。不能清偿，应指对债务人的存款、现金、有价证券、成品、半成品、原材料、交通工具等可以执行的动产和其他方便执行的财产执行完毕后，债务仍未能得到清偿的状态。

此外，《最高人民法院关于适用〈中华人民共和国民法典〉有关担保制度的解释》第 28 条第 1 款进一步规定，一般保证中，债权人依据生效法律文书对债务人的财产依法申请强制执行，保证债务诉讼时效的起算时间按照下列规则确定：①人民法院作出终结本次执行程序裁定，或者依照《民事诉讼法》第 257 条（现为第 264 条）第 3 项、第 5 项的规定作出终结执行裁定的，自裁定送达债权人之日起开始计算；②人民法院自收到申请执行书之日起 1 年内未作出前项裁定的，自人民法院收到申请执行书满 1 年之日起开始计算，但是保证人有证据证明债务人仍有财产可供执行的除外。

4. 补充责任

补充责任，是指在多个责任主体对同一损害后果承担共同责任时的一种侵权赔偿责任形式。在这样的侵权责任关系中，直接侵权责任人对被侵权人承担全部损害赔偿责任，补充责任人处于"替补状态"，对被侵权人承担全部或者相应的补充责任。

当直接侵权人的财产依法强制执行仍不能履行全部债务之后，权利人方能向法院就补充责任人财产申请强制执行，部分特殊情形除外。补充责任人承担补充责任后，有权向直接侵权人追偿。

在诉讼中，补充责任人承担第二顺位的赔偿责任，在程序法构造上将先诉抗辩权转化为先执行抗辩权并无不妥。故实践中，直接侵权人与补充责任人多以共同被告的形式出现，赔偿顺位则在执行程序中体现。一般债权人单独起诉补充责任人，则应追加主要责任人作为共同被告。若有如下两种特殊情形，补充责任人可作为单独被告：

（1）无法查明具体侵权人的情形。"杨婷、沅江市琼湖街道办事处金田社区居民委员会侵权责任纠纷案"即是如此。

（2）仅以补充责任人为被告，经人民法院释明，原告仍不追加直接侵权人，法院依职权追加其为无独立请求权第三人的情形。

[法条依据]

《民法典》

第1198条　宾馆、商场、银行、车站、机场、体育场馆、娱乐场所等经营场所、公共场所的经营者、管理者或者群众性活动的组织者，未尽到安全保障义务，造成他人损害的，应当承担侵权责任。

因第三人的行为造成他人损害的，由第三人承担侵权责任；经营者、管理者或者组织者未尽到安全保障义务的，承担相应的补充责任。经营者、管理者或者组织者承担补充责任后，可以向第三人追偿。

第1201条　无民事行为能力人或者限制民事行为能力人在幼儿园、学校或者其他教育机构学习、生活期间，受到幼儿园、学校或者其他教育机构以外的第三人人身损害的，由第三人承担侵权责任；幼儿园、学校或者其他教育机构未尽到管理职责的，承担相应的补充责任。幼儿园、学校或者其他教育机构承担补充责任后，可以向第三人追偿。

[运用举例]

材料：生效判决确定：

1. 被告张三于本判决生效后10日内偿还原告李四借款10万元。

2. 被告王五在被告张三不能履行偿还借款义务时承担保证责任，并在承担保证责任后有权在清偿范围内向被告张三追偿。

执行立案2个月后，经过财产调查，发现张三的全部财产为某宗土地的使用权。

目前，人民法院已查封该宗土地，但尚未拍卖。

问题：此时能否执行王五名下的银行存款？

回答要点：不可以直接执行。因债务人张三名下仍有可供执行的财产，即不可以执行保证人王五的财产。

5. 按份责任

按份责任，是指共同承担民事责任的多个当事人之间，按照法律规定或者合同约定，按照一定的份额比例承担相应民事责任。按份责任也被称作分割责任，即指各个按份责任人将同一民事责任进行分割，各自承担其中一定份额。

《民法典》中规定的按份责任包括：

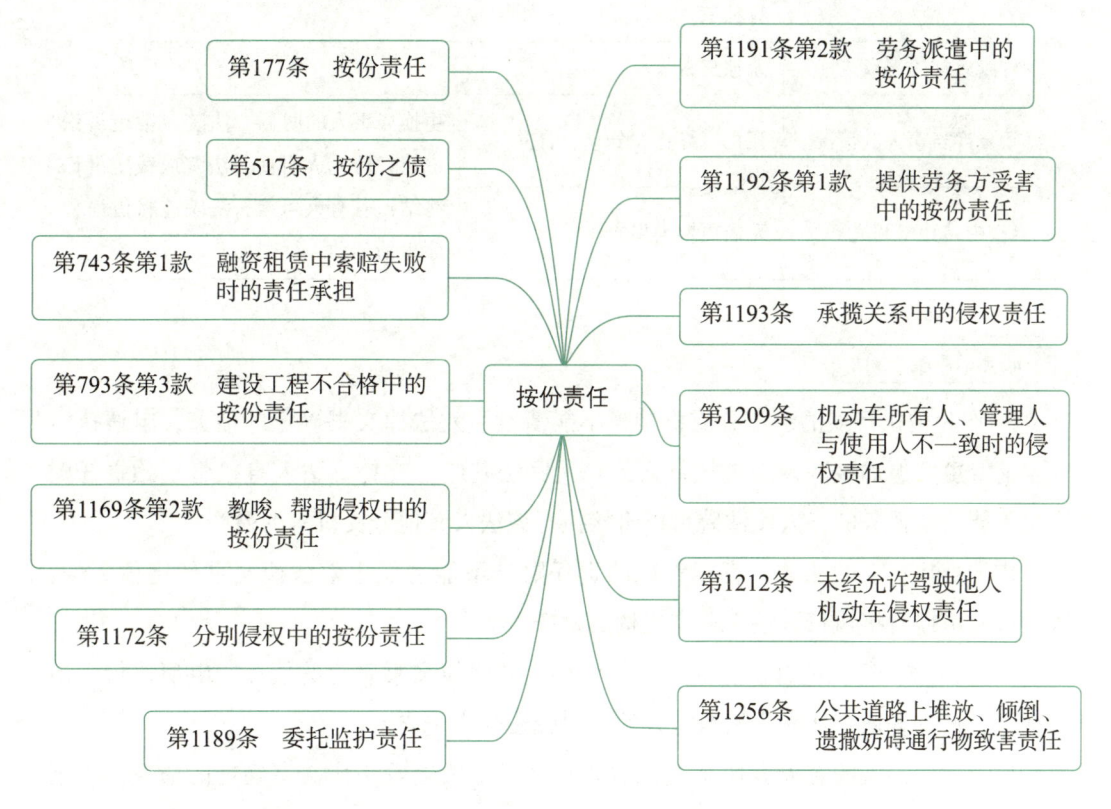

```
按份责任
├── 第177条　按份责任
├── 第517条　按份之债
├── 第743条第1款　融资租赁中索赔失败时的责任承担
├── 第793条第3款　建设工程不合格中的按份责任
├── 第1169条第2款　教唆、帮助侵权中的按份责任
├── 第1172条　分别侵权中的按份责任
├── 第1189条　委托监护责任
├── 第1191条第2款　劳务派遣中的按份责任
├── 第1192条第1款　提供劳务方受害中的按份责任
├── 第1193条　承揽关系中的侵权责任
├── 第1209条　机动车所有人、管理人与使用人不一致时的侵权责任
├── 第1212条　未经允许驾驶他人机动车侵权责任
└── 第1256条　公共道路上堆放、倾倒、遗撒妨碍通行物致害责任
```

承担按份责任的各责任人是否应被列为共同被告，我国法律尚无明文规定。但一般认为，数人之可分债权人或可分债务人，得为共同诉讼人起诉或被诉。根据按份责任的性质，各责任人可以不在同一诉讼中被列为共同被告。但在侵权诉讼中，为了便于查明案件事实，确定各责任人是否应该按照按份责任的形态承担责任，将各责任人列为共同被告为宜。因此，一般在考试中，将按份责任的各个责任人作为普通共同诉讼被告对待，较为符合命题人的认识。

考点 3 当事人追加、更换

应当追加的当事人 （如法院没有将必要共同诉讼人追加进入诉讼，则属于"漏人"，法院严重违反法定程序，当事人可通过上诉或者再审救济）	必要共同诉讼原告：如继承人、财产被侵害的共有人等。	追加的程序： （1）一审中，在辩论终结前可以直接追加。 （2）二审不能直接追加，应调解；调解不成的，发回重审。
	必要共同诉讼被告：如赡养义务人、未成年人侵权的监护人等。	
不得主动追加的当事人	普通共同诉讼的原被告。	
	有独三。	
可以追加的当事人	无独三。	
必须更换当事人的情况	死亡、终止、分立、合并。	更换当事人的时候，法院应裁定诉讼中止；若无人可换，法院应裁定诉讼终结；若有人可换，法院将诉讼程序重新启动。
诉讼中转让权利义务	无需更换当事人。	

命题角度分析

1. 作为被执行人的法人分支机构，不能清偿生效法律文书确定的债务，申请执行人申请变更、追加该法人为被执行人的，人民法院应予支持。法人直接管理的责任财产仍不能清偿债务的，人民法院可以直接执行该法人其他分支机构的财产。

作为被执行人的法人，直接管理的责任财产不能清偿生效法律文书确定债务的，人民法院可以直接执行该法人分支机构的财产。

2. 作为被执行人的合伙企业，不能清偿生效法律文书确定的债务，申请执行人申请变更、追加普通合伙人为被执行人的，人民法院应予支持。

作为被执行人的有限合伙企业，财产不足以清偿生效法律文书确定的债务，申请执行人申请变更、追加未按期足额缴纳出资的有限合伙人为被执行人，要求其在未足额缴纳出资的范围内承担责任的，人民法院应予支持。

3. 作为被执行人的营利法人，财产不足以清偿生效法律文书确定的债务，申请执行人申请变更、追加未缴纳或未足额缴纳出资的股东、出资人或依公司法规定对该出资承担连带责任的发起人为被执行人，要求其在尚未缴纳出资的范围内依法承担责任的，人民法院应予支持。

4. 作为被执行人的营利法人，财产不足以清偿生效法律文书确定的债务，申请执行人申请变更、追加抽逃出资的股东、出资人为被执行人，要求其在抽逃出资的范围内承担责任的，人民法院应予支持。

5. 作为被执行人的公司，财产不足以清偿生效法律文书确定的债务，其股东未依法履行出资义务即转让股权，申请执行人申请变更、追加该原股东或依公司法规定对该出资承担连带责任的发起人为被执行人，要求其在未依法出资的范围内承担责任的，人民法院应予支持。

6. 作为被执行人的一人有限责任公司，财产不足以清偿生效法律文书确定的债务，股东不能证明公司财产独立于自己的财产，申请执行人申请变更、追加该股东为被执行人，要求其对公司债务承担连带责任的，人民法院应予支持。

7. 作为被执行人的公司，未经清算即办理注销登记，导致公司无法进行清算，申请执行人申请变更、追加有限责任公司的股东、股份有限公司的董事和控股股东为被执行人，要求其对公司债务承担连带清偿责任的，人民法院应予支持。

8. 暂缓执行期限届满后被执行人仍不履行义务，或者暂缓执行期间担保人有转移、隐藏、变卖、毁损担保财产等行为的，人民法院可以依申请执行人的申请恢复执行，并直接裁定执行担保财产或者保证人的财产，不得将担保人变更、追加为被执行人。（《最高人民法院关于执行担保若干问题的规定》第11条）

9. 执行和解协议中约定担保条款，且担保人向人民法院承诺在被执行人不履行执行和解协议时自愿接受直接强制执行的，恢复执行原生效法律文书后，人民法院可以依申请执行人申请及担保条款的约定，直接裁定执行担保财产或者保证人的财产。（《最高人民法院关于执行和解若干问题的规定》第18条）

专题 3 管辖权判断

[考点总结]

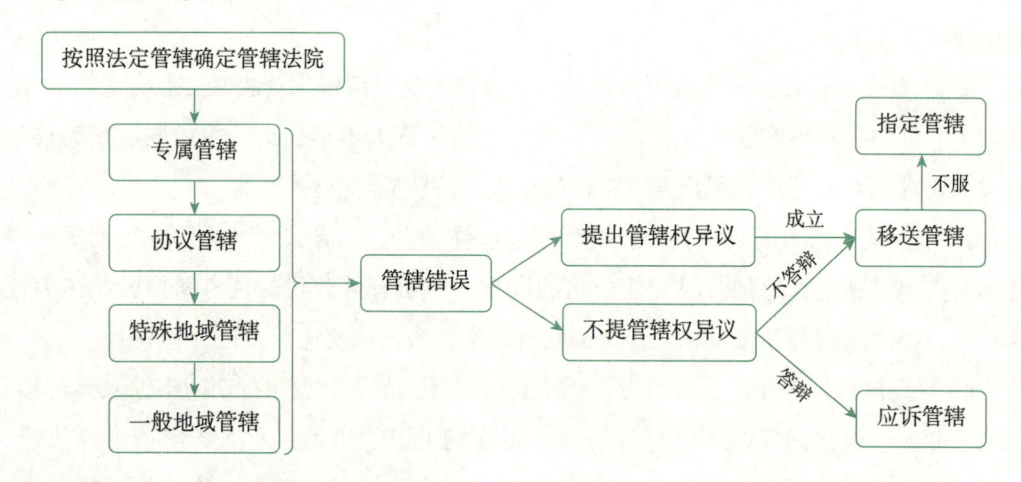

```
按照法定管辖确定管辖法院
            │
    ┌───────┼───────┐
    ▼       ▼       ▼       ▼
  专属管辖  协议管辖  特殊地域管辖  一般地域管辖
                │
                ▼
              管辖错误 ──→ 提出管辖权异议 ──成立──→ 移送管辖 ──不服──→ 指定管辖
                      │                                   ▲
                      └──→ 不提管辖权异议 ──不答辩──────────┘
                                        └──答辩──→ 应诉管辖
```

考点 1 ▶▶ 专属管辖与协议管辖

专属管辖	不动产纠纷只能由不动产所在地法院管辖	物权确权（纠纷）、物权分割（纠纷）、相邻关系（纠纷）、土地承包（合同纠纷）、房屋租赁（合同纠纷）、建设工程施工（合同纠纷）、政策性房屋买卖（合同纠纷）。
协议管辖（当事人约定，发生纠纷向某法院起诉，或发生纠纷应由某法院管辖。出现以上两种协议形式即可以认为当事人之间存在协议管辖。）	一看有没有书面形式（用格式条款订立管辖协议的，必须已经采用合理方式提醒了消费者注意，方能有效）	协议管辖与仲裁协议冲突的，协议管辖可以有效（符合左侧五个条件才能有效），仲裁协议无效。
	二看约定的是不是一审	
	三看约定的是不是地域管辖	
	四看约定的是不是财产纠纷	
	五看是不是从原告住所地法院、被告住所地法院、合同签订地法院、合同履行地法院和标的物所在地法院当中选择	

考点 2 特殊地域管辖

合同案件	由合同履行地或被告住所地法院管辖	合同履行地	有约定	从约定。	
			无约定或约定不明	即时结清的合同	以交易行为地作为履行地。
				给付货币的合同	以接收货币方所在地作为履行地。
				给付不动产合同	以不动产所在地作为履行地。
				租赁合同	以租赁物使用地作为履行地。
				网络购物合同	网络交付以买受人住所地作为履行地。
					其他交付以收货地作为履行地。
				运输合同	以始发地和目的地作为合同履行地。
				其他合同	以履行义务方所在地作为履行地。
		被告住所地	以被告的户籍所在地为被告住所地，有经常居住地的，经常居住地优先管辖。		
	由被告住所地法院管辖	若合同约定了履行地，但未实际履行，当事人双方住所地又都不在合同约定的履行地，则只能由被告住所地法院管辖。（口诀：有约定+未履行+不重合）			
侵权案件	由侵权行为地或被告住所地法院管辖	产品质量侵权纠纷：由产品制造地、产品销售地、侵权行为地或被告住所地法院管辖。			
		交通肇事侵权纠纷：由交通事故发生地和被告住所地法院管辖。			

[运用举例]

案情： 居住在甲市的吴某与居住在乙市的王某在丁市签订了一份协议，吴某将一个清朝官窑的花瓶以 10 万元的价格卖给王某，并约定双方在丙市一手交钱一手交货。后吴某反悔并电告王某自己已将花瓶卖给他人。王某若想追究吴某的违约责任，应向何地法院起诉？

裁判要点： 本案中，双方当事人虽然约定了合同履行地，但合同却未在该地履行，而双方当事人的住所地都不在合同约定的履行地丙市，因此，本案只能由被告住所地甲市法院管辖。

考点 3 一般地域管辖

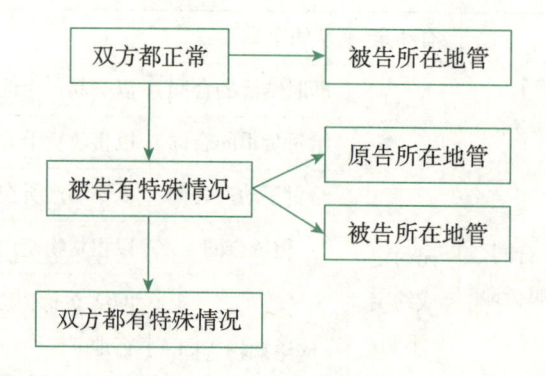

```
双方都正常 ──→ 被告所在地管

             ┌─→ 原告所在地管
被告有特殊情况 ┤
             └─→ 被告所在地管

双方都有特殊情况
```

双方都无特殊情况	原告就被告	
被告出现特殊情况	强监（被告被强制教育或监禁）黑户（被告被注销户籍）找不到（被告下落不明、失踪或者不在中国境内的身份案件）	此时被告就原告
	离家1年离婚案（被告离开住所地1年以上的离婚案件）	原被告所在地都可以管
	被告多地抚扶赡（被告不在同一辖区的追索抚养费、扶养费和赡养费的案件）	
双方都有特殊情况	（双方都被注销户籍或者都被强制教育、监禁）仍然是原告就被告	

命题角度分析

1. 在一起买卖合同纠纷案中，当事人在合同中约定，"纠纷由违约方的对方所在地人民法院处理"。但是，当事人是否存在违约行为，只有通过人民法院实体审理后才能确定，因此，上述条款属于约定不明，应认定为无效条款。

2. 当事人双方未约定合同履行地的，在合同履行地的确认中，给付货币和交付不动产的履行地比较容易确定，难以确定的主要是其他标的——履行义务一方所在地为合同履行地。在此，必须根据当事人的诉讼请求和合同的性质来确定合同履行地。

[例] 买卖合同中，A为出卖货物方，B为买受方，如A起诉B，要求B支付货款，则A为接收货币一方，A所在地为合同履行地；如B起诉A，要求A交付货物或

者认定A交付的货物不符合约定，则A为履行义务一方，A所在地为合同履行地。因此，此类合同纠纷管辖地是确定的。

3. 甲、乙二人在合同中约定，若发生纠纷，先向某仲裁机构仲裁，后向某法院起诉。该仲裁协议是否有效？

虽然根据《最高人民法院关于适用〈中华人民共和国仲裁法〉若干问题的解释》第7条的规定，当事人约定"可仲裁可诉讼"的，仲裁协议无效。但"先仲裁后诉讼"不属于该条规定的"仲裁协议无效"情形。根据《仲裁法》第16条第2款的规定，如果当事人双方在协议中约定了明确的"请求仲裁的意思表示""仲裁事项""选定的仲裁委员会"，则仲裁协议有效。虽然甲、乙二人明确约定以仲裁方式解决争议，同时又约定了通过仲裁方式无法解决纠纷时可向某法院起诉，但从约定的表述内容、顺序看，双方并不存在否认或变更以仲裁方式优先解决争议的意思表示。纠纷解决条款中"仲裁仍不能解决的，可向被告所在地的人民法院提出诉讼"的约定属于仲裁和诉讼的衔接问题，不属于当事人可以协商的事项，该部分约定无效。因此，在当事人约定"先仲裁后诉讼"的情况下，仲裁协议内容符合《仲裁法》第16条第2款的规定即为有效，应向约定的仲裁机构申请仲裁。

4. 债权人因主合同与担保合同发生纠纷提起诉讼，且主合同与担保合同约定的管辖方式不一致时，应当根据主合同确定案件管辖。但是，债权人依法可以单独起诉担保人且仅起诉担保人的，应当根据担保合同确定管辖法院。

考点 4　管辖权异议

先看主体	被告可以提，原告极特殊情况下可以提，第三人绝对不能提。			
再看程序	一审可以提，二审中、发回重审程序中和再审程序中均不能提。			
最重要的是看提出的时间	答辩期内可以提，过期就绝对不能提（提出了法院也不予审查）。			
	在答辩期内	被告提出管辖权异议	没有应诉答辩	法院应审查管辖权异议。
			同时应诉答辩	
		被告没提管辖权异议	并且应诉答辩	视为该法院有管辖权（违反专属和级别管辖的除外）。
			没有应诉答辩	答辩期满后，当事人不能再提管辖权异议，法院可以移送管辖。

续表

法律效果	受理法院移送到受移送法院，受移送法院认为自己没有管辖权的	不得自行移送，应报自己的上级法院指定管辖。
	若该法院受理案件时有管辖权，适用管辖权恒定原则的情况下	该法院不得移送管辖。
	若当事人构成应诉管辖	该法院不得移送管辖。
	若当事人提出的管辖权异议成立	法院必须移送管辖。
	受理法院移送到受移送法院，受移送法院认为自己没有管辖权，与受理法院发生管辖权争议的	应协商，协商不成，报二者共同的上级法院指定管辖。

命题角度分析

1. 在一审诉讼中，无独立请求权的第三人无权提出管辖权异议，无权放弃、变更诉讼请求或者申请撤诉，被判决承担民事责任的，有权提起上诉；有独立请求权的第三人主动参加他人已开始的诉讼，应视为承认和接受了受诉法院的管辖，因而不发生对管辖权提出异议的问题；如果是受诉法院依职权通知其参加诉讼，则其有权选择是以有独立请求权的第三人的身份参加诉讼，还是以原告身份向其他有管辖权的法院另行起诉。综上，第三人不论是作为有独立请求权的第三人还是作为无独立请求权的第三人，其对具体案件管辖权提出异议并无法律依据，故法院对第三人的管辖权异议和对驳回异议的上诉应不予审查。（法条依据是《民诉解释》第82条）

2. 债权人提起代位权诉讼的，由被告所在地人民法院管辖。人民法院受理案件后，当事人对管辖权有异议的，应当在提交答辩状期间提出。该提出管辖权异议的期间具有除斥期间的性质，当事人如未在该除斥期间内行使其形成权，则其提出异议的权利丧失。

3. 对管辖权异议的裁定不服，不得通过再审救济。民事诉讼法赋予被告提出管辖权异议的权利，且赋予当事人对管辖权异议裁定提出上诉的程序权利，当事人的异议权已得到保障。从程序稳定性和诉讼效率角度出发，若对管辖权异议裁定进行再审，将严重拖延诉讼。

4. 管辖恒定原则，是指人民法院对相关民事案件是否具有管辖权应当以当事人起诉的时间为准，即在当事人起诉时具有管辖权的人民法院不因确定管辖的因素在诉讼过程中发生变化而受到影响。

[运用举例]

案情：原告某电缆公司与被告某建设科技公司、某建筑工程公司、某装饰工程公司票据追索权纠纷一案，F法院于2022年1月7日立案受理，并于1月20日向三被告送达了起诉状副本等材料。2022年2月10日，被告某装饰工程公司向F法院邮寄了《管辖权异议申请书》两份，提出管辖权异议。

问题：对此管辖权异议，F法院应如何处理？

裁判要点：法院应不予审查。当事人对管辖权有异议的，应当依法在提交答辩状期间提出。三被告已于2022年1月20日收到法院送达的起诉状副本等应诉材料，其于2022年2月10日所提的管辖权异议已超法定期限，故应依法不予审查。

专题 4　证据规则和证明责任

考点 1　取证与举证

根据辩论原则，我国应由当事人取证、举证，当事人应在举证期内完成该行为	遇到涉及国家、社会、他人利益的事实，程序性事项的事实及身份关系的事实，法院可以主动调查取证。
	当事人遇到客观不能取得证据的情况，可以申请法院调查取证。
	当事人遇到证据可能灭失或再难取得的情况，可以申请法院保全证据。
	当事人遇到对方当事人持有书证、电子数据或视听资料拒不提交的情况，可以申请法院责令对方提交。 （1）拒不提交：推定证据内容为真实； （2）毁坏：推定证据证明事实为真并可以罚款、拘留。
逾期举证的处理	（1）只要对方当事人不提异议，不管什么情况，都可以采纳。 （2）只要证据和案件基本事实有关，不管什么情况，都可以采纳。 （3）根据当事人主观情况，确定处理措施： ①无过错——采纳； ②一般过错——采纳加训诫； ③重大过错、故意——与案件基本事实有关的，采纳加训诫、罚款。

考点 2　对于证据法定种类的判断

先考虑主体	勘验人（审判人员及其指导的人）制作的	勘验笔录
	当事人的陈述	当事人陈述
	鉴定人的意见	鉴定意见
	证人的陈述	证人证言
再考虑形式	有电子形式	电子数据
	有电磁形式等	视听资料

续表

最后考虑证明方式	用记录内容证明	书　证
	用自身情况证明	物　证

考点 3　证人、鉴定人和专家辅助人

	证　人	鉴定人	专家辅助人
主体资格	了解案情，能正确表达。	具有专业资质。	具备专门知识。
作证内容	口头、连续陈述自己了解的案件事实，不得发表意见。	及时、诚实、准确地对专业问题作出分析、评价。	(1) 就鉴定意见质证； (2) 就专业问题发表意见。
出庭要求	义务出庭。若有下列情形，经法院许可，可采用替代方式作证：①健康原因不能出庭；②路途遥远、交通不便；③遇自然灾害等不可抗力；④双方当事人同意不出庭。	当事人对鉴定意见有异议或法院认为鉴定人有必要说明，鉴定人书面说明后，当事人仍有异议的，鉴定人应出庭作证。	必须出庭说明专业意见。
启动方式	法院可以依职权通知证人出庭。当事人也可以在举证期届满前申请证人出庭作证，需要法院许可。	当事人申请鉴定：①双方当事人协商确定鉴定人；②协商不成的，由人民法院指定。法院委托鉴定的，依职权确定鉴定人。	当事人单方聘请、向法院申请专家辅助人出庭。
申请出庭时间	举证期内。	法院指定期间内。	举证期内。
拒不出庭后果	证言不能作为认定案件事实的依据。	鉴定意见不得作为认定事实的依据；支付鉴定费的当事人可以要求返还鉴定费。	当事人依据委托合同主张违约责任。
出庭费用负担	证人因出庭作证而支出的合理费用（交通、住宿、就餐等费用，误工损失），由申请证人方当事人垫付，若法院通知证人出庭，则由法院垫付，最终由败诉方承担。	(1) 鉴定费由申请方预交，一般由败诉方负担； (2) 出庭费用由异议方预交，由败诉方负担。	申请人负担。

	证　人	鉴定人	专家辅助人
回　避	不是回避主体。	应回避。	不需要回避。
承诺保证	有行为能力的证人必须签署保证书，否则不得作证，不得请求必要费用。	必须签署承诺书，虚假鉴定要退费、担责；逾期鉴定、无理由撤回鉴定、拒不出庭的，可以退费、换人。	专家辅助人的意见视为当事人陈述，专家辅助人不需要签保证书（当事人要签）。

命题角度分析

1. 私文书证不同于公文书证，公文书证因其作出主体和作出程式的特殊性，被法律赋予推定的形式真实性和实质真实性，举证方不必证其为真，但相对方欲推翻公文书证记载的事实就要承担本证意义上的证明责任。私文书证因作出主体一般不具有社会公信力或没有法定职权，其形式真实性需要举证方承担本证证明责任，实质真实性则由法官通过自由心证来判断。相对方只需提出反证使待证事实陷入真伪不明状态，即可推翻私文书证记载的事实。若举证方无法在本证意义上证明私文书证的真实性，导致在法庭调查和法庭辩论结束时其欲证明的待证事实的真伪状态仍无法确定，则要承担其主张不被法院支持的不利后果，进而承担案件败诉的风险。

2. 对需要鉴定的待证事实负有举证责任的当事人，在人民法院指定期间内无正当理由不提出鉴定申请、不预交鉴定费用或者拒不提供相关材料，致使待证事实无法查明的，应当承担举证不能的法律后果。

3. 法复［1995］2号批复所指的"未经对方当事人同意私自录制其谈话，系不合法行为"，应当理解为系对涉及对方当事人的隐私场所进行的偷录，并侵犯对方当事人或其他人合法权益的行为。《民诉解释》第106条关于"对以严重侵害他人合法权益、违反法律禁止性规定或者严重违背公序良俗的方法形成或者获取的证据，不得作为认定案件事实的根据"的规定明确了该司法精神。若当事人的谈话系在公共场所进行，录音系在该公共场所录制，并未侵犯任何人的合法权益，则对该录音证据应予采纳。

考点4　证据能力和证明力

证据类型	证据能力、证明力
无正当理由未出庭的证人提供的证言	不可以作为定案依据（无证据能力，自然无证明力）
拒不签署保证书的证人提供的证言	

续表

证据类型	证据能力、证明力
拒不出庭的鉴定人出具的鉴定意见	不可以作为定案依据（无证据能力，自然无证明力）
应质证而未经质证的证据	
非法证据*	
和当事人有利害关系的证人的证言	不可以单独作为定案依据（有证据能力，但证明力低）
未成年人作出的和年龄、智力不相适应的证言	
有疑点的视听资料、电子数据	
无法和原件、原物核对的复制品、复印件	
当事人陈述	
公文书证	推定为真实，但可以推翻
经区块链存证的证据	

[运用举例]

案情：2008年初，被告陈某开始向原告李某购买煤灰。起初几笔生意双方均用现货、现金交易。2008年11月22日，陈某在其经营的机砖厂内亲笔出具欠条，载明结欠李某煤灰款7000元。但陈某至今仍未偿还欠款，李某遂向法院起诉，请求判令被告陈某支付煤灰款7000元。被告陈某辩称，原告所述与事实不符，被告写给原告欠条是事实，但没过多久，这7000元的欠款就已还清，双方已无债权债务关系，请求法院驳回原告的诉讼请求。

被告提交收条一张，证明其在出具欠条不久后就已还清7000元欠款。原告质证后辩称，原告在2008年11月22日前多次与被告发生买卖关系，曾出具过多份收条给被告。这张收条是原告在2008年11月22日之前出具的收条之一，被告为了应诉，就将收款收据的上半部分撕去，伪装成已归还欠款。法官发现该收条的外观是不完整的，收款收据是格式化的印刷体纸张，其上半部分的收款收据的字数及落款日期、左边和右边部位都被撕去。

问题：本案应如何认定？

裁判要点：本案应判决被告败诉。本案中，被告辩称已还款，则还款的举证责任应由被告承担，但被告向法庭提供的收条证据系损毁后不齐全的书证，存在明显缺陷。被告持

---

* 对以严重侵害他人合法权益、违反法律禁止性规定或者严重违背公序良俗的方法形成或者获取的证据，不得作为认定案件事实的根据。

内容不完整、有瑕疵的收条，在原告不承认该收条真实性的情况下，应由被告证明收条的真实性。被告无其他任何证据对收条证据加以佐证，应承担其举证不能的后果，即应当按欠条向原告履行还款义务。

考点 5 证明责任分配

内　容	含　义	分配规则
主观证明责任	对待证事实提出证据的责任	谁主张，谁举证（不管是原告还是被告，对自己主张的事实，都要提供证据加以证明）。原告提供的证据达到证明标准，则认定原告主张的待证事实成立，原告可胜诉；反之，判决原告败诉。
客观证明责任	案件事实真伪不明时，证明责任就是一种败诉的风险	原则：谁主张待证事实成立、存在和真实，谁负担客观证明责任（败诉风险）。判决负担证明责任的当事人败诉、对方当事人胜诉。	例外： （1）过错推定侵权（推定被告有过错）中，由被告证明自己没有过错； （2）环境污染侵权中，由被告证明没有因果关系； （3）共同危险侵权中，由被告证明谁是加害人； （4）高空抛物侵权中，由被告证明自己不是加害人； （5）方法专利侵权中，由被告证明自己的制造方法不同于专利方法。

> **命题角度分析**

1. 客观证明责任（败诉风险的负担，并非"谁主张，谁举证"）由谁负担，最重要的是能判定该证明责任是什么待证事实的证明责任。要搞懂，当事人主张的事实并非都是待证事实，即当事人主张的事实可能只是为了证明另外的事实。例如，在借贷纠纷中，债务人主张："你曾经给我转的钱是你给我的货款。"这句话描述的事实就不是待证事实。因为在借贷纠纷中，待证事实应该是"借贷合意"和"交付行为"，因为只有这两种事实才是需要证明的。而当事人描述的事实"你曾经给我转的钱是你给我的货款"的核心是交付行为是不存在的。相当于对交付行为这一事实的否定，而并非一个全新的、和案件无关的事实。

2. 如果诉讼中出现了免证事实（最常考的是当事人对不利于自己的事实加以陈述或者承认，构成了自认），就免除了本来负担证明责任一方提供证据的责任。

3. 借贷纠纷中，原告证明借款事实，被告证明还款事实。若被告主张已经还款，则对借款事实构成自认。

4. 被告若能证明侵权事由不成立，则不需要再证明免责事实。只有侵权已经成立了，被告才有必要证明免责事实。

[运用举例]

案情：小五与某食品公司之间一直存在业务往来。2017年3月1日，小五给付该食品公司5张支票作为进货的预付款，该五张支票的票面金额分别为15 977元、215元、720元、41 000元、15万元，合计207 912元。同日，该食品公司向小五出具了一张载明"收到预付款207 912元整"的收据。该食品公司在收到小五的上述五张支票之后，陆续向银行提示付款，其中金额为15 977元、215元、720元、41 000元的四张支票均付款成功，该食品公司收到上述款项。2017年3月4日，银行向该食品公司出具了一张退票通知，将金额为15万元的支票退还该食品公司，退票理由为"密码支票未填密码或密码填写错误"。同日，该食品公司业务员白成将该支票退票返还给小五。后小五诉至法院，提出，该食品公司将金额为15万元的支票退票返还给自己之后，自己当场支付了现金15万元，因该食品公司一直未给自己发货，所以要求该食品公司返还预付款15万元。该食品公司则提出，2017年3月1日，小五付款的形式是支票，后其于2017年3月4日向银行请求付款时，其中一张票面金额为15万元的支票因密码错误被退票，之后其工作人员便将该支票退票返还给小五，但小五当时并没有向其支付15万元现金，其并未收到小五的15万元预付款。

问题：本案中，法官若认为案件事实真伪不明，应如何判决？

裁判要点：根据本案查明的事实，小五提交的收据和预付款明细仅能证明小五于2017年3月1日向某食品公司支付了5张票面金额合计207 912元的支票，并不能证明小五在支票退票返还后向该食品公司支付了15万元现金。根据证明责任的分配规则，小五对其是否曾向该食品公司支付15万元现金负有举证责任，而小五向法庭提交的全部证据无法证明其曾经在支票退票返还后向该食品公司支付了15万元现金，故案件事实真伪不明。因此，法院应判决驳回小五的诉讼请求。

专题 5　一审程序规则

考点 1　起诉条件

[第一步] 先审查是否 符合起诉条件	原告是否适格	原告是否是法律关系的主体（适格当事人）	
		不是法律关系的主体是否属于法定的诉讼担当	遗产管理人、遗嘱执行人
			死者的近亲属
			失踪人的财产代管人
			公益诉讼的原告
	被告是否明确（能否将被告特定化）		被告不正确也应受理
			被告下落不明也应受理
	请求和事实理由是否具体		给付请求必然包含确认内容
			只要求确认事实的，不得受理
	主管和管辖 是否正确	有仲裁协议的，不受理（仲裁排斥诉讼管辖：或审或裁）	
		劳动纠纷不受理（劳动仲裁先于诉讼管辖：仲裁前置）	
		女方怀孕期间、分娩后 1 年内或终止妊娠后 6 个月内，男方起诉离婚的，不受理	
		不属于民事纠纷的，不受理（但人民调解不排斥诉讼管辖：或调或审，调后可审）	
[第二步] 审查是否 有诉的利益	诉的利益是 起诉的必要条件 和实效条件	单独起诉一人公司的股东，请求股东对公司债务承担连带责任	无诉的利益
		股东会、股东大会起诉请求确认公司决议有效	无诉的利益
		夫妻起诉请求婚内赔偿	无诉的利益
		起诉请求确认不侵犯知识产权	有诉的利益

续表

[第三步] 审查是否构成 重复起诉	○当事人相同 ○标的相同 ○请求相同或 相斥*	先诉本金，再诉利息	不属于重复起诉
		先诉医疗费，再诉精神损害赔偿	不属于重复起诉
		先诉债权的一部分，再诉债权的另一部分	属于重复起诉
		先诉侵权，再诉违约	属于重复起诉
		裁判生效后又发生新的事实**	不属于重复起诉
		离婚失败，原告有新情况、新理由再起诉	不属于重复起诉

命题角度分析

1. 重复起诉中当事人同一性的认定

一般而言，形式当事人和正当当事人（实质当事人、适格当事人）的区分对于"一事不再理"原则下确定同一当事人的范围没有意义。无论当事人在诉讼中仅为形式当事人，还是正当当事人，都要承受作为诉讼结果的判决的既判力约束，不能就相同的诉讼标的或审理对象再次提起诉讼。具有"同一性"的当事人包括：

（1）通常当事人

通常当事人是判决效力所及的最直接的主体，因此，其受一事不再理原则的约束，自不待言。

（2）诉讼担当人

诉讼担当人，是指就他人的诉讼标的的权利义务有当事人的诉讼实施权，从而为他人担当诉讼的人。基于第三人诉讼实施权行使的依据，诉讼担当可分为法定诉讼担当和任意诉讼担当两种情形。前者是指有法律特别明文规定的诉讼担当；后者是指在法律规定的范围内，通过约定的方式产生的诉讼担当。我国破产法规定的破产管理人、合同编中的代位权人即属于法定诉讼担当人，《民事诉讼法》第56、57条规定的代表人诉讼中的诉讼代表人属于任意诉讼担当人。诉讼担当人的诉讼结果对被担当人具有约束力，在判断"一事不再理"的构成时，诉讼担当人与被担当人具有同一性。

---

* 对诉讼请求的判断，可以理解为，第一次起诉和第二次起诉是基于相同的实体请求权，就会构成请求相同。

** 裁判发生法律效力后发生新的事实的，可以再次起诉。这种新的事实，要求必须发生在第一次裁判作出之后、第二次起诉之前。如果在第一次裁判作出之前就已经发生，则应由当事人以有新的证据和事实为由向法院申请再审。

(3) 诉讼参加人

一个诉讼提起后，原被告双方之外的第三人参与到诉讼之中的情形，称为诉讼参加。该参加到他人诉讼中的人为诉讼参加人。我国《民事诉讼法》中规定的有独立请求权的第三人相当于大陆法系国家的主参加人，因其以独立诉讼的方式参加到他人之间的诉讼之中，在诉讼中具有当事人的地位，当然受"一事不再理"的约束。我国的无独立请求权的第三人在实践中则存在辅助当事人诉讼和独立进行诉讼两种情况。前者由于相当于大陆法系的从参加人，在诉讼中仅具有辅助地位，故不属于"一事不再理"作用的主观范围；后者因其独立参加诉讼，实质上具有当事人的地位，应当受"一事不再理"的约束。

(4) 当事人的继受人

当事人的继受人，是指通过继受而承受诉讼标的的权利义务关系，从而承受当事人地位的人。其包括因自然人当事人死亡或者法人、设有代表人或管理人的非法人团体当事人合并而继受的人，也包括因法律行为或者法律规定或法院拍卖等国家公法行为而受让诉讼标的的权利义务的人。

(5) 为当事人或者其继受人占有请求的标的物的人

其指在诉讼标的为以给付特定物为目的的请求权时，该特定物被诉讼外的他人为当事人或其继受人占有而非为自己占有的情形。

(6) 既判力效力所及的一般第三人

其主要指在有关身份关系的人事诉讼和公司关系的诉讼中所作出的具有形成效力的判决具有对世效力，在原告胜诉时，任何人均不得再次起诉。

2. 驳回起诉和驳回诉讼请求

《民事诉讼法》第122条规定的起诉要件为诉讼成立要件，系判断当事人提起的诉讼能否成立的形式要件。若原告的起诉不符合该起诉要件，法院应以原告之诉不合法为由通过裁定形式驳回起诉。但若案件实质上涉及原告的权利保护要件是否成立，应由法院对案件进行实体审理后加以判断。如果其提起的诉讼请求缺乏权利保护要件，即诉讼请求不能成立，则法院应以原告之诉不能得到支持为由通过判决形式驳回。

即便当事人起诉所主张的法律关系的性质或者民事法律行为的效力与法院根据案件事实作出的认定不一致，法院也应向当事人释明，由当事人变更诉讼请求；经法院释明后，当事人仍然坚持不变更诉讼请求的，法院应就当事人主张的法律关系和民事法律行为效力进行实体审理并作出判断，在此判断基础上也应以实体判决的形式对当事人的诉讼请求进行判断，而不能以裁定驳回当事人起诉的形式认定当事人提起本案诉讼并无诉权。

[运用举例]

案情：甲公司起诉乙公司使用某操作系统的行为侵害了甲公司的计算机软件著作权，B市高级人民法院对此作出第772号判决，确认了侵犯著作权行为成立。判决生效后，甲公司再次起诉乙公司，请求判令乙公司赔偿其经济损失及诉讼合理支出共计人民币1亿元。在后案受理之后，前案被最高人民法院提审，并裁定发回重审。正在审理后案的B市高级人民法院遂以该前案已被提审为由，认定本案的事实基础已不存在，并作出驳回甲公司起诉的裁定。甲公司不服，提出上诉。

问题：B市高级人民法院的做法是否正确？上级人民法院应如何处理？

裁判要点：根据《民事诉讼法》及其司法解释的规定，人民法院应当保障当事人依照法律规定享有的起诉权利。鉴于后案不属于《民事诉讼法》规定的禁止起诉的情形，且甲公司的起诉符合《民事诉讼法》规定的起诉条件，人民法院必须受理，并依照法定程序对后案进行审理。鉴于后案侵权赔偿之诉必须以前案侵权确认之诉的审理结果为依据，而前案已被上级法院提审后裁定发回重审，即前案属于尚未审结的案件，而后案的事实基础仍处于待确定的状态，故根据《民事诉讼法》的相关规定，B市高级人民法院应当中止诉讼，而不应驳回甲公司的起诉。综上，甲公司的上诉理由成立，上级人民法院应予以支持。B市高级人民法院认定后案的事实基础不存在而作出驳回甲公司起诉的裁定错误，上级人民法院应在撤销该裁定的同时，指令B市高级人民法院对后案进行审理。

考点2 反诉的四大特点

合并审理	主体特定	本诉的被告对本诉的原告提起。
	时间限定	本诉存续期间（辩论结束前）。
	管辖相符	反诉应当向审理本诉的人民法院提起（若反诉属专属管辖，则不可合并）。
	程序同一	适用同一的诉讼程序。
合一判决		本反诉合并审理后作出一个判决。
内容牵连	牵连关系	属于同一法律关系、基于同一原因事实或者本反诉请求有因果关系。
彼此独立		反诉、本诉是两个独立的诉，可以合并审理，也可以另行起诉。某个诉被撤销，另一个不受影响。

> 命题角度分析

1. 反诉与本诉合并审理的目的，在于既能贯彻"两便"原则，减轻当事人讼累，节约司法资源，又能防止法院在处理有关联的问题中作出相互矛盾的裁判，从而保证法院裁判的正确性和统一性。合并审理并非反诉的目的，只是一种解决纠纷的方式。反诉与本诉可以合并审理，也可以不合并审理。分开审理也不应影响反诉的成立。如果反诉请求另行主张并不影响事实的认定、纠纷的解决和裁判矛盾的剔除，也不会对本诉被告的实体权利造成影响，且有利于提高诉讼效率、及时解决纠纷，亦可不合并审理。

2. 承包人依据施工合同起诉要求发包人给付工程款，发包人反诉要求承包人完成收尾施工，本诉与反诉系基于同一合同所建立的相同法律关系。

考点3 庭审流程

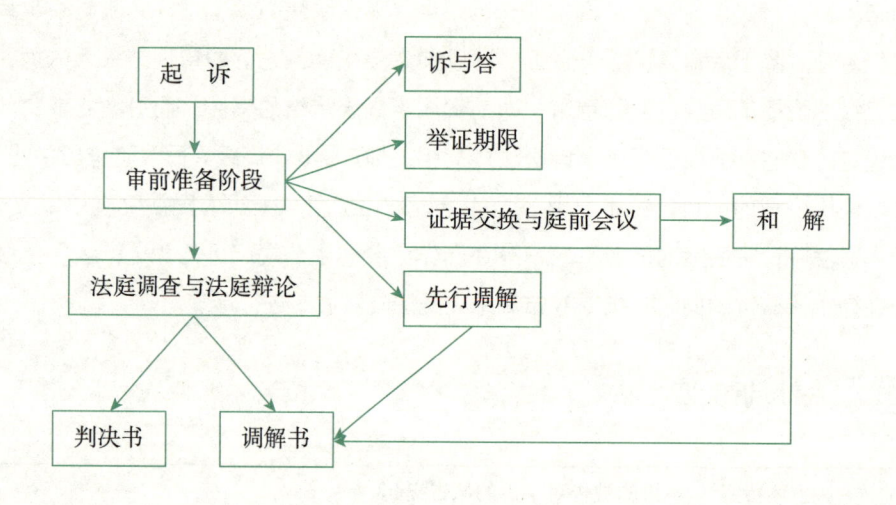

```
起诉 → 审前准备阶段 → 诉与答
                  → 举证期限
                  → 证据交换与庭前会议 → 和解
                  → 先行调解
     ↓                              ↓
  法庭调查与法庭辩论
     ↓           ↓
   判决书      调解书
```

考点4 当事人不到庭的处理

有正当理由不到庭	时间可以确定	延期审理（决定）	
	时间不能确定	诉讼中止（裁定）	
无正当理由不到庭	必须到庭	拘传	
	不必须到庭	属原告方	按撤诉处理
		属被告方	缺席判决

命题角度分析

1. 民间借贷纠纷中，债权人起诉时，债务人下落不明的，人民法院受理案件后可公告送达并传唤债务人应诉。公告期届满，债务人无正当理由拒不到庭，借贷关系明确的，经法院审理后可以作出缺席判决。

2. 根据《民诉解释》第379条关于"当事人认为发生法律效力的不予受理、驳回起诉的裁定错误的，可以申请再审"的规定，当事人可以申请再审的发生法律效力的裁定并不包括按撤回上诉处理的民事裁定，二审中按撤回上诉处理的裁定并不属于可以申请再审的范围。

专题 6　二审的处理

考点 1　两审终审制

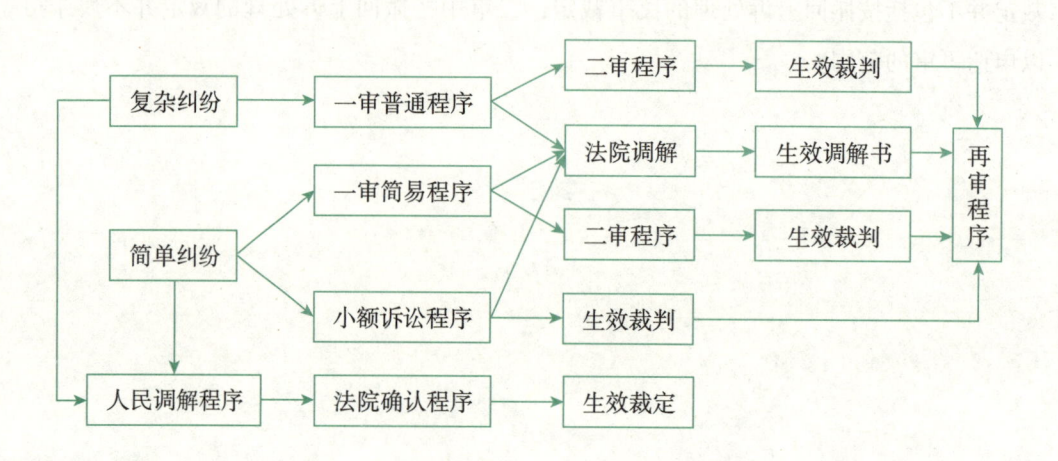

```
复杂纠纷 ──→ 一审普通程序 ──→ 二审程序 ──→ 生效裁判 ──┐
                         ├──→ 法院调解 ──→ 生效调解书 ──→ 再审程序
简单纠纷 ──→ 一审简易程序 ──→ 二审程序 ──→ 生效裁判 ──┤
         └→ 小额诉讼程序 ──→ 生效裁判
     └→ 人民调解程序 ──→ 法院确认程序 ──→ 生效裁定
```

两审终审	法院作出一审裁判，原则上可以上诉，当事人不上诉的，经过上诉期才生效。	
	法院作出二审裁判，不可上诉，作出就生效。	
	两审终审的案件，一审判决不生效，二审判决是生效判决。	
二审和一审的关系（续审制）	不告不理	二审应当围绕当事人上诉请求的范围进行，当事人没有提出请求的，不予审理。	二审对于当事人已经上诉的请求部分，对其事实问题和法律问题全面审理（不受当事人上诉理由的限制，如当事人只认为事实错误，法院也可以纠正法律问题）。
	有错必纠	一审判决违反法律禁止性规定，或者损害国家利益、社会公共利益、他人合法权益，当事人未上诉的，法院也应依职权予以纠正。	
	二审是一审的延续	一审中提出的证据，可以在二审中继续使用。	
		一审中认定的事实，在二审中依然可以作为裁判依据。	
		一审中的行为，在二审中依然有约束力。	

[运用举例]

案情： 2011 年，万某答应出借 8000 万元给某贸易公司，成某向万某出具承担连带清偿责任的承诺书。2012年，就实际出借的6750万元借款本息，万某诉请该贸易公司与成某连带清偿。一审法院判决支持万某诉请后，成某提出上诉，上诉状中，成某认可了连带责任，但要求不承担利息。二审中，成某又主张承诺书不具有真实性。

问题：对于成某的主张，二审法院应如何处理？

裁判要点：二审中，成某在其上诉状中明确认可了出具承诺书的事实，认可了自己对6750万元借款的本金部分承担连带清偿责任，属于对案件事实的自认及对自己民事权利的处分。同时，根据《民事诉讼法》第175条的规定，第二审人民法院应当对上诉请求的有关事实和适用法律进行审查。既然成某未就承诺书的真实性提出上诉请求，二审法院就不应将其作为焦点进行审查。嗣后，成某提出否认承诺书真实性的主张，属于对自认行为的推翻，亦有违民事诉讼的诚信原则。故对于成某的反悔主张，法院不予支持，应判决成某对该贸易公司所欠万某的借款承担连带清偿责任。

考点2 二审裁判

原裁定认定事实清楚、适用法律正确（原裁定的依据和结果都是正确的）	裁定驳回上诉请求，维持原裁定
原判决认定事实清楚、适用法律正确（原判决的依据和结果都是正确的）	判决驳回上诉请求，维持原判决
原裁判认定事实、适用法律有瑕疵，裁判结果正确	纠正瑕疵，驳回上诉请求，维持原裁判
原裁定认定事实错误或适用法律错误	裁定撤销或变更原裁定
原判决认定事实错误或适用法律错误	直接改判
原判决认定基本事实不清	裁定撤销原判发回重审或查清事实后改判
原判决严重违反法定程序	裁定撤销原判发回重审
认为违反专属管辖	裁定撤销原判，移送有管辖权的法院
认为不应由人民法院受理	裁定撤销原判，驳回起诉

严重违反法定程序的情形包括：①遗漏当事人；②违法缺席判决；③审判组织的组成不合法；④应当回避的审判人员未回避；⑤无诉讼行为能力人未经法定代理人代为诉讼；⑥违法剥夺当事人辩论权利。其中，对①"漏人"和"漏判"的处理是，应先调解，调解不成的，发回一审法院重审；对②~⑥的处理是，只能直接发回重审。

命题角度分析

1. 一审法院未发现其没有级别管辖权并将案件移送有管辖权的法院审理，确有不当，但未发现其没有级别管辖权并将案件移送有管辖权的法院审理并不属于民事诉讼法规定的严重违反法定程序的情形，故不影响案件二审的审理和判决。

2. 对于上级法院发回重审的案件，原审法院参与过审判的人员不得再参与案件审判；发回重审的案件，在一审法院作出裁判后又进入第二审程序的，原第二审程序中的合议庭组成人员可以参与案件审判。

专题 7　审判监督

考点 1　当事人申请再审的条件

审查申请的主体	一般而言，只有原审当事人才可以申请再审。 裁判生效后、进入执行程序前，案外必要共同诉讼人（应参加诉讼而未参加诉讼的必要共同诉讼人）也可以申请再审。
审查申请的次数	一个案件一个当事人只能申请再审 1 次。* 申请过再审（包括支持和驳回的）、检察建议、抗诉过的案件，不可再次申请再审。
审查申请的时效	原则上应在裁判、调解书生效后 6 个月内。 裁判文书存在《民事诉讼法》第 207 条第 1、3、12、13 项规定情形（以下简称"四项特殊情形"）的，自知道或者应当知道之日起 6 个月内提出。前述 6 个月均为绝对不变期间。
审查申请的事由	要符合《民事诉讼法》第 207 条的规定。

[运用举例]

案情：马某与张某买卖合同纠纷一案经过一审、二审后，马某对二审裁判不服，向二审法院的上级法院申请再审。上级法院提审后，裁定撤销一、二审裁判，将案件发回重审。一审法院重审后，当事人均未上诉。其后，张某认为重审作出的一审判决存在错误，向法院申请再审。

问题：当事人是否可以就再审后将案件发回重审作出的生效裁判申请再审？

裁判要点：当事人可以就再审后将案件发回重审作出的生效裁判申请再审。这是因为再

---

* 申请再审之后，人民法院逾期未对再审申请作出裁定，或人民法院驳回再审申请，或再审判决、裁定有明显错误的，当事人可以在人民法院作出驳回再审申请裁定或者再审判决、裁定发生法律效力之日起 2 年内（2 年为绝对不变期间）申请检察监督。经过检察建议、抗诉过的案件，当事人不得再自行申请再审。而且，一个当事人对一个案件只能申请检察院抗诉或检察建议 1 次。但有下列情形之一的，人民检察院可以再次监督或者提请上级人民检察院监督：①人民法院审理民事抗诉案件作出的判决、裁定、调解书仍有明显错误的；②人民法院对检察建议的处理结果错误的；③人民法院对检察建议未在规定的期限内作出处理并书面回复的。

审撤销原判、发回一审法院重审后，当事人的诉讼恢复至原一审裁判之前的状态，其诉讼请求未被生效裁判所羁束，讼争的民事法律关系仍处于待决状态，一审法院应对当事人之间的争议重新进行审理。再审撤销原判、发回重审之后，法院作出的裁判亦非再审裁判。当事人不服撤销原判、发回重审后作出的生效裁判的，可以依据《民事诉讼法》第207条的规定申请再审。

考点2　再审的管辖

向原审（终审）法院的上一级法院申请再审	(1) 上一级法院可以提审，也可指令再审（指令原审法院审理再审案件）或指定再审（指定给原审法院同级的其他法院审理再审案件），但指令、指定再审不能指回基层法院。 (2) 适用原审程序审理，另行组成合议庭；提审一律用二审程序。
向原审（终审）法院申请再审（需满足一方人数众多或者当事人双方为公民）	(1) 向谁申请，由谁审理； (2) 适用原审程序审理，另行组成合议庭。

口诀： 向上级申请，上级可提审。指令和指定，不能回基层。向原审申请，由原审审理。适用原程序，基层无限制。

[运用举例]

案情： 2013年2月，王某驾车与骑电动车的陈某相撞，导致陈某死亡。经交警大队认定，王某与陈某承担事故的同等责任。因双方就赔偿事宜未能达成一致意见，陈某家人将王某诉至法院，并申请追加王某车辆投保的保险公司为共同被告。后法院判决王某车辆投保的保险公司（本案原告）在交强险范围内赔偿陈某家人112 429元，在商业险限额内支付保险理赔款20万元，两项合计312 429元。保险公司理赔后，尚有1.5万元未付。后保险公司作为原告起诉陈某家人，称交通事故发生后，保险公司依据与王某的保险合同对事故车辆造成的损失向王某支付了118 220元，由于王某与陈某在事故中承担同等责任，故要求陈某家人支付已经垫付的9110元。案件审理中，陈某家人提起反诉，称保险公司在2013年发生的交通事故理赔一案中尚有1.5万元没有支付，请求保险公司向其支付剩余的理赔款1.5万元。针对陈某家人提起的反诉，法院驳回了其诉讼请求。

问题： 法院的做法是否正确？

裁判要点：

	原　告	被　告	权利义务内容
前　诉	陈某家人	王某（追加保险公司）	判决保险公司赔偿陈某家人
本　诉	保险公司（代王某位）	陈某家人	要求陈某家人支付已垫付款项
反　诉	陈某家人	保险公司	请求保险公司支付剩余的理赔款

法院的做法不正确。根据我国保险法的相关规定，从法律性质上来看，保险代位求偿权实质上是民法清偿代位制度在保险法领域的具体运用，保险人行使的权利实际上系被保险人的权利，法院实质上处理的是被保险人与第三人之间的民事赔偿纠纷，被保险人因保险事故对第三人享有的损害赔偿请求权，就是保险人所代位行使的实体权利。从反诉的构成来看，反诉与本诉本身须均出于同一法律关系或同一法律事实。就本案而言，原告尚有1.5万元保险理赔款未给付被告，系基于另一法律关系，即保险人与第三人之间的保险理赔法律关系。而本案要处理的则是被保险人与第三人之间的侵权赔偿法律关系。两者既不出于同一法律关系，也不源于同一法律事实，不符合反诉与本诉具有牵连性的构成要件。因此，法院对反诉应裁定不予受理。

实际上，如果被告有确凿证据证明作为原告的保险公司确实尚有1.5万元理赔款没有支付，被告完全可以利用债权债务的抵销来达到自己的目的。根据我国《民法典》第568条第1款的规定，当事人互负债务，该债务的标的物种类、品质相同的，任何一方可以将自己的债务与对方的到期债务抵销；但是，根据债务性质、按照当事人约定或者依照法律规定不得抵销的除外。本案中，双方债权均已到期，且均为金钱给付之债，标的物的种类、品质相同，又不属于不得抵销之债，被告在庭审中可以以债的抵销为由进行抗辩。

专题 8 案外人救济和被执行人的追加

考点1　案外人救济制度

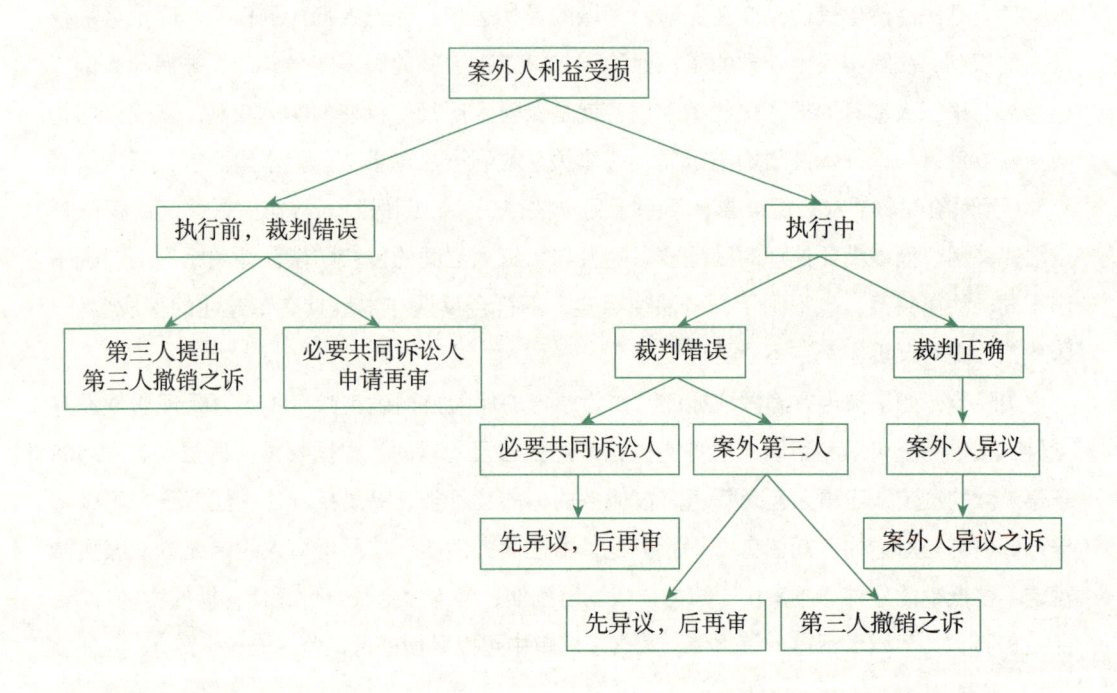

```
                           案外人利益受损
                          /            \
                执行前，裁判错误          执行中
                /        \              /        \
        第三人提出    必要共同诉讼人    裁判错误      裁判正确
        第三人撤销之诉  申请再审        /    \           ↓
                                必要共同    案外第三人   案外人异议
                                诉讼人         ↓           ↓
                                  ↓        先异议，    案外人异议之诉
                              先异议，      后再审
                              后再审           ↓
                                         第三人撤销之诉
```

命题角度分析

关于案外人救济要素的判断技巧：

1. 执行标的物和裁判标的物是同一个（裁判中涉及执行标的物），就可以认定裁判错误；执行标的物和裁判无关（裁判中未涉及执行标的物），就可以认定裁判正确。

2. 对执行标的物主张全部权利，就是案外第三人；对执行标的物主张部分权利，就是案外必要共同诉讼人。

3. 若审理案外第三人撤销之诉的同时，当事人申请再审，则只审理再审程序，在再审中把第三人追加进来。

4. 案外人异议之诉，可以请求中止执行，也可以要求确认标的物权属，或者要求返还标的物。

考点 2 执行案外人财产时的救济体系

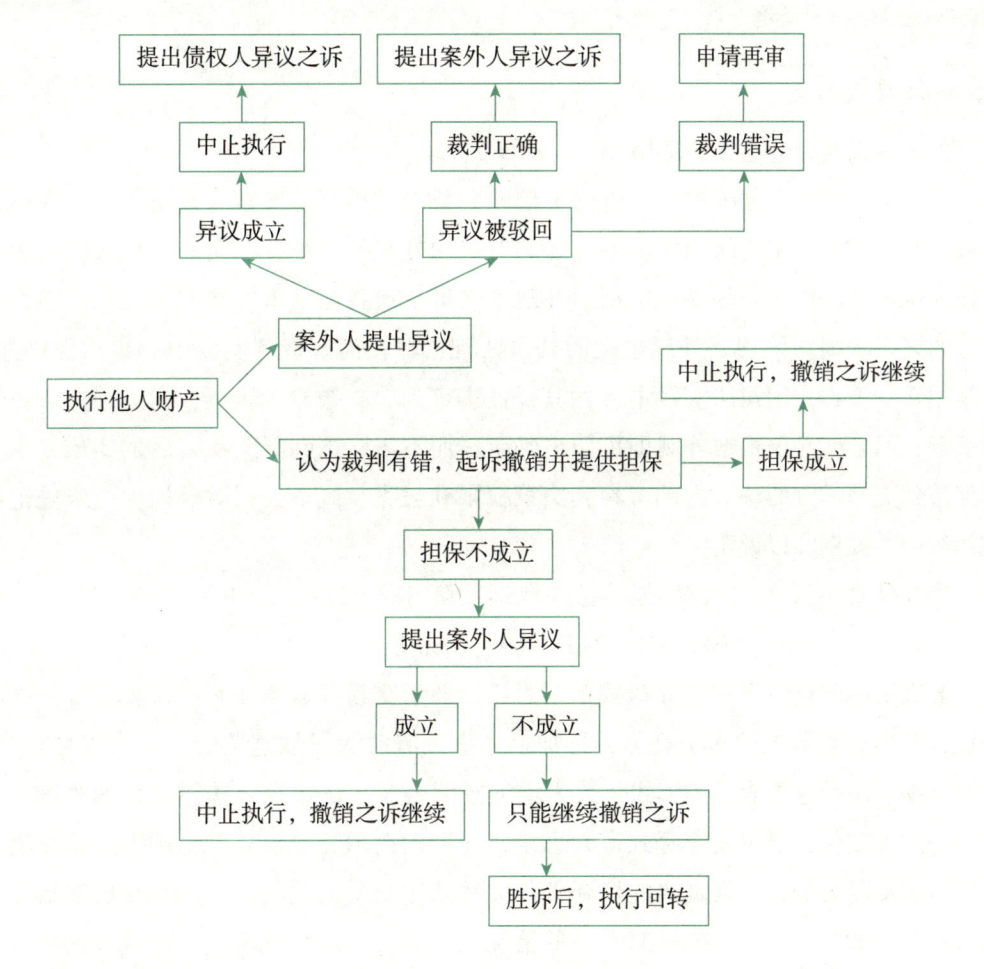

```
                 提出债权人异议之诉      提出案外人异议之诉       申请再审
                        ↑                    ↑                    ↑
                    中止执行               裁判正确              裁判错误
                        ↑                    ↑                    ↑
                    异议成立              异议被驳回
                         \                  /
                          \                /
                         案外人提出异议
                         ↗
       执行他人财产                                     中止执行,撤销之诉继续
                         ↘                                      ↑
                    认为裁判有错,起诉撤销并提供担保  →  担保成立
                                  ↓
                              担保不成立
                                  ↓
                            提出案外人异议
                              ↙      ↘
                           成立      不成立
                            ↓          ↓
                  中止执行,撤销之诉继续   只能继续撤销之诉
                                         ↓
                                    胜诉后,执行回转
```

[运用举例]

案情：2005 年 11 月 3 日，高某和邹某某作为公司股东（发起人）发起成立了海南博超房地产开发有限公司（以下简称"博超公司"），高某、邹某某出资比例各占 50%，邹某某任该公司执行董事、法定代表人。2012 年 8 月 1 日，天通公司以博超公司和南海岸公司为被告、天时公司为第三人向 H 省高级人民法院提起合资、合作开发房地产合同纠纷之诉，提出 B 酒店的房屋所有权（含房屋占用范围内的土地使用权）归天通公司所有，以及博超公司向天通公司支付违约金 720 万元等诉讼请求。H 省高级人民法院作出第 3 号民事判决，支持了天通公司的诉讼请求。判决作出后，各方当事人均未提起上诉。后高某就第 3 号民事判决向 H 省高级人民法院提起第三人撤销之诉。

问题：对于本案中的第三人撤销之诉，法院应如何处理？

裁判要点：公司股东与公司法人和他人之间的民事诉讼生效裁判不具有直接的利益关系，不符合《民事诉讼法》第59条规定的第三人条件，其以股东身份提起第三人撤销之诉的，人民法院不予受理。

命题角度分析

外观主义与穿透主义的适用：

外观主义肇始于德国民法，以保护信赖利益与维护交易安全为价值依归，在商法领域具有广阔的适用空间。外观主义强调对权利外观的保护，以交易当事人的行为外观作为认定其法律效果的基本依据。外观主义虽未被我国商事立法明确引入，但商事领域的诸多规则均体现了外观主义的基本法理，并在商事审判实践中获得广泛适用。外观主义一度在我国司法实践中（尤其是商事审判中）被奉为圭臬，在这种方法论的指引下，商事交易仅根据外观即可作出判定，而不需穿透到其交易背后的实质，也不需穿透到交易一方的法人内部考察其决策权限和过程。试举公司对外担保、未登记股权执行两个案例加以说明。

涉及外观主义的《民法典》规范包括：第61、65、170、172、225、311、335、341、374、403、404、504、641、745、763、1060条。

最高法院观点：要树立穿透式审判思维。商事交易如融资租赁、保理、信托等本来就涉及多方当事人的多个交易，再加上当事人有时为了规避监管，采取多层嵌套、循环交易、虚伪意思表示等模式，人为增加查明事实、认定真实法律关系的难度。妥善审理此类案件，要树立穿透式审判思维，在准确揭示交易模式的基础上，探究当事人的真实交易目的，根据真实的权利义务关系认定交易的性质与效力。在仅有部分当事人就其中的某一交易环节提起诉讼的情况下，如在融资性买卖中，当事人仅就形式上的买卖合同提起诉讼，为方便查明事实、准确认定责任，人民法院可以依职权追加相关当事人参加诉讼。

规律总结：在民事交易领域，多适用"外观主义"；在民事执行领域，多适用"穿透主义"。

[运用举例]

案情：2004年11月18日，西安成城经贸有限公司（以下简称"成城公司"）向中国银行股份有限公司西安南郊支行（以下简称"中行南郊支行"）借款3000万元，成城公司到期未偿还贷款。中行南郊支行向西安中院提起诉讼，西安中院作出（2007）西民三初字第08号民事调解书。成城公司未履行上述调解书确定的义务，中行南郊支行向西安中院申请执行，西安中院作出了（2009）西执民字第50号民事裁定，冻结了成城公司名下的渭南信用社的 1000 万股权。2009 年 2 月 9 日，上海华冠投资有限公司（以下简称"华冠公司"）与成城公司股权确认纠纷立案，西安中院（2009）西民四初字第 226 号、陕西高院（2009）陕民二终字第 00053 号民事判决确认成城公司名下的渭南信用社的 1000 万股份属华冠公司所有。华冠公司以诉争股权所有权人的身份提出执行异议，请求西安中院中止执行成城公司名下的渭南信用社的 1000 万股份及股息、红利，并解除对该股权的执行措施。西安中院作出（2013）西执异字第 00017 号裁决，裁定华冠公司的异议理由成立。中行南郊支行向西安中院提起异议之诉。西安中院认为，商法的外观主义原则的立法目的在于维护交易安全，其适用范围应局限于就相关标的从事交易的第三人，故判决驳回中行南郊支行的诉讼请求。后中行南郊支行向陕西高院提起上诉，陕西高院驳回其上诉，维持原判。中行南郊支行向最高法院申请再审。最高法院认为，中行南郊支行基于商事外观主义原则要求强制执行、取得案涉渭南信用社 1000 万股份的再审申请主张不成立，故裁定驳回中行南郊支行的再审申请。

裁判要点 1：关于公司股权的实际权利人能否对抗该股权名义持有人的债权人对该股权申请司法强制执行的问题，根据陕西高院作出的生效民事判决，成城公司为该诉争股权的名义持有人，华冠公司才是该股权的实际权利人。中行南郊支行根据商事外观主义原则，主张诉争股权应执行过户给中行南郊支行。

裁判要点 2：根据《最高人民法院关于适用〈中华人民共和国公司法〉若干问题的规定（三）》第 25 条的规定，名义股东将登记于其名下的股权转让、质押或者以其他方式处分，实际出资人以其对于股权享有实际权利为由，请求认定处分股权行为无效的，人民法院可以参照《民法典》第 311 条*的规定处理。名义股东处分股权造成实际出资人损失，实际出资人请求名义股东承担赔偿责任的，人民法院应予支持。（股权善意取得制度的适用主体仅限于与名义股东存在股权交易的第三人）

考点 3 利害关系人救济制度总结

1. 执行程序中，当事人、利害关系人认为执行行为违法，可以向负责执行的人民

---

* 《民法典》第 311 条 无处分权人将不动产或者动产转让给受让人的，所有权人有权追回；除法律另有规定外，符合下列情形的，受让人取得该不动产或者动产的所有权：
（一）受让人受让该不动产或者动产时是善意；
（二）以合理的价格转让；
（三）转让的不动产或者动产依照法律规定应当登记的已经登记，不需要登记的已经交付给受让人。
受让人依据前款规定取得不动产或者动产的所有权的，原所有权人有权向无处分权人请求损害赔偿。
当事人善意取得其他物权的，参照适用前两款规定。

法院提出书面异议；异议被驳回的，可以自驳回异议的裁定送达之日起10日内向上一级人民法院申请复议。

2. 特别程序的当事人、利害关系人认为裁判错误，可以向作出该判决、裁定的人民法院提出异议。

（1）确认调解协议、实现担保物权案，当事人异议应自收到裁定之日起15日内提出；

（2）利害关系人异议，应自知道或者应当知道其民事权益受到侵害之日起6个月内提出。

3. 关于保全

（1）诉前保全中，利害关系人可以在起诉前或者仲裁前申请保全；

（2）申请诉前保全后没有在法定期间起诉或者申请仲裁，给利害关系人造成损失引起的诉讼，由采取保全措施的人民法院管辖。

4. 利害关系人因正当理由不能在判决前向人民法院申报权利的，可自知道或者应当知道判决公告之日起1年内，向作出判决的人民法院起诉。起诉时以申请人为被告，按照票据纠纷适用普通程序审理。可以诉请撤销原判、确认自己的权利。

命题角度分析

1. 必要共同诉讼漏列的当事人申请再审。《民诉解释》对必要共同诉讼漏列的当事人申请再审规定了两种不同的程序，二者在管辖法院及申请再审期限的起算点上存在明显差别，人民法院在审理相关案件时应予注意：

（1）该当事人在执行程序中以案外人身份提出异议，异议被驳回的，根据《民诉解释》第421条的规定，其可以在执行异议裁定送达之日起6个月内向作出原判决、裁定、调解书的人民法院申请再审。

（2）该当事人未在执行程序中以案外人身份提出异议的，根据《民诉解释》第420条第1款的规定，其可以根据《民事诉讼法》第207条第8项的规定，自知道或者应当知道生效裁判之日起6个月内申请再审。当事人一方人数众多或者当事人双方为公民的案件，也可以向原审人民法院申请再审。

2. 债权人能否提起第三人撤销之诉？第三人撤销之诉中的第三人仅局限于《民事诉讼法》第59条规定的有独立请求权及无独立请求权的第三人，而且一般不包括债权人。但是，设立第三人撤销之诉的目的在于，救济第三人享有的因不能归责于本人的事由未参加诉讼但因生效裁判文书内容错误受到损害的民事权益。因此，债权人在下列情况下可以提起第三人撤销之诉：

（1）该债权是法律明确给予特殊保护的债权，如建设工程价款优先受偿权、《海商法》第 22 条规定的船舶优先权；

（2）因债务人与他人的权利义务被生效裁判文书确定，导致债权人本来可以对《民法典》中规定的撤销权之诉中的债务人行为和《企业破产法》第 31 条规定的债务人行为享有撤销权而不能行使的；

（3）债权人有证据证明裁判文书主文确定的债权内容部分或者全部虚假的。

债权人提起第三人撤销之诉还要符合法律和司法解释规定的其他条件。对于除此之外的其他债权，债权人原则上不得提起第三人撤销之诉。

附：

《海商法》第 22 条　下列各项海事请求具有船舶优先权：

（一）船长、船员和在船上工作的其他在编人员根据劳动法律、行政法规或者劳动合同所产生的工资、其他劳动报酬、船员遣返费用和社会保险费用的给付请求；

（二）在船舶营运中发生的人身伤亡的赔偿请求；

（三）船舶吨税、引航费、港务费和其他港口规费的缴付请求；

（四）海难救助的救助款项的给付请求；

（五）船舶在营运中因侵权行为产生的财产赔偿请求。

载运 2000 吨以上的散装货油的船舶，持有有效的证书，证明已经进行油污损害民事责任保险或者具有相应的财务保证的，对其造成的油污损害的赔偿请求，不属于前款第（五）项规定的范围。

《企业破产法》第 31 条　人民法院受理破产申请前 1 年内，涉及债务人财产的下列行为，管理人有权请求人民法院予以撤销：

（一）无偿转让财产的；

（二）以明显不合理的价格进行交易的；

（三）对没有财产担保的债务提供财产担保的；

（四）对未到期的债务提前清偿的；

（五）放弃债权的。

3. 程序启动后案外人不享有程序选择权。案外人申请再审与第三人撤销之诉在功能上近似，如果案外人既有申请再审的权利，又符合第三人撤销之诉的条件，对于案外人是否可以行使选择权，《民诉解释》采取了限制的司法态度，即依据《民诉解释》第 301 条的规定，按照启动程序的先后，案外人只能选择相应的救济程序。案外人先启动执行异议程序，对执行异议裁定不服，认为原裁判内容错误损害其合法权益的，只能向作出原裁判的人民法院申请再审，而不能提起第三人撤销之诉；案外人先启动了第三人撤销之诉，即便在执行程序中又提出执行异议，也只能继续进行第三人撤销之诉，而不能依《民事诉讼法》第 234 条的规定申请再审。

4. 案外人依据另案生效裁判对非金钱债权的执行提起执行异议之诉

审判实践中，案外人有时依据另案生效裁判所认定的与执行标的物有关的权利提起执行异议之诉，请求排除对标的物的执行。此时，鉴于作为执行依据的生效裁判与作为案外人提出执行异议依据的生效裁判均涉及对同一标的物权属或给付的认定，性质上属于两个生效裁判所认定的权利之间可能产生的冲突，人民法院在审理执行异议之诉时，需区分不同情况作出判断：如果作为执行依据的生效裁判是确权裁判，不论作为执行异议依据的裁判是确权裁判还是给付裁判，一般不应据此排除执行，但人民法院应当告知案外人对作为执行依据的确权裁判申请再审；如果作为执行依据的生效裁判是给付标的物的裁判，而作为提出异议之诉依据的裁判是确权裁判，一般应据此排除执行，此时人民法院应告知其对该确权裁判申请再审；如果两个裁判均属给付标的物的裁判，人民法院需依法判断哪个裁判所认定的给付权利具有优先性，进而判断是否可以排除执行。

执行依据	异议依据	法律效果	救济
确权判决	给付判决	不中止执行	案外人可以用再审、三撤撤销作为执行依据的确权判决
	确权判决	不中止执行	
给付判决	确权判决	中止执行	债权人可以用再审、三撤撤销作为执行依据的确权判决
	给付判决	不一定中止执行，要判断两判决所认定的权利的优先性	

5. 案外人依据另案生效裁判对金钱债权的执行提起执行异议之诉

作为执行依据的生效裁判并未涉及执行标的物，只是执行中为实现金钱债权对特定标的物采取了执行措施。对此种情形，《最高人民法院关于人民法院办理执行异议和复议案件若干问题的规定》第 26 条规定了解决案外人执行异议的规则，在审理执行异议之诉时可以参照适用。依据该条的规定，作为案外人提起执行异议之诉依据的裁判，将执行标的物确权给案外人的，可以排除执行；作为案外人提起执行异议之诉依据的裁判，未将执行标的物确权给案外人，而是基于不以转移所有权为目的的有效合同（如租赁、借用、保管合同），判令向案外人返还执行标的物的，其性质属于物权请求权，亦可以排除执行；基于以转移所有权为目的的有效合同（如买卖合同），判令向案外人交付标的物的,其性质属于债权请求权,不能排除执行。

应予注意的是,在金钱债权执行中,如果案外人提出执行异议之诉依据的生效裁判认定以转移所有权为目的的合同(如买卖合同)无效或应当解除,进而判令向案外人返还执行标的物,此时案外人享有的是物权性质的返还请求权,本可排除金钱债权的执行,但在双务合同无效的情况下,双方互负返还义务,在案外人未返还价款的情况下,如果允许其排除金钱债权的执行,将会使申请执行人既执行不到被执行人名下的财产,又执行不到本应返还给被执行人的价款,显然有失公允。为平衡各方当事人的利益,只有在案外人已经返还价款的情况下,才能排除普通债权人的执行。反之,案外人未返还价款的,不能排除执行。

执行依据是一般债权	异议依据是确权判决		中止执行
	异议依据是基于物权的给付判决		中止执行
	异议依据是基于债权的给付判决		不中止执行
	异议依据是确认合同无效的给付判决	案外人已经返还价款	中止执行
		案外人未返还价款	不中止执行

6. 实践中,商品房消费者向房地产开发企业购买商品房,往往没有及时办理房地产过户手续。房地产开发企业因欠债而被强制执行,人民法院在对尚登记在房地产开发企业名下但已出卖给消费者的商品房采取执行措施时,商品房消费者往往会提出执行异议,以排除强制执行。对此,《最高人民法院关于人民法院办理执行异议和复议案件若干问题的规定》第29条规定,符合下列情形的,应当支持商品房消费者的诉讼请求:①在人民法院查封之前已签订合法有效的书面买卖合同;②所购商品房系用于居住且买受人名下无其他用于居住的房屋;③已支付的价款超过合同约定总价款的50%。人民法院在审理执行异议之诉案件时,可参照适用此条款。

问题是,对于其中"所购商品房系用于居住且买受人名下无其他用于居住的房屋"如何理解,审判实践中掌握的标准不一。"买受人名下无其他用于居住的房屋",可以理解为在案涉房屋同一设区的市或者县级市范围内,商品房消费者名下没有用于居住的房屋。商品房消费者名下虽然已有1套房屋,但其购买的房屋在面积上仍然属于满足基本居住需要的,可以理解为符合该规定的精神。

对于其中"已支付的价款超过合同约定总价款的50%"如何理解,审判实践中掌握的标准也不一致。如果商品房消费者支付的价款接近于50%,且已按照合同约定将剩余价款支付给申请执行人或者按照人民法院的要求交付执行,可以理解为符合该规定的精神。

交付全部或者大部分款项的商品房消费者的权利优先于抵押权人的抵押权，抵押权人申请执行登记在房地产开发企业名下但已销售给消费者的商品房，消费者提出执行异议的，人民法院依法予以支持。但应当特别注意的是，此情况是针对实践中存在的商品房预售不规范现象、为保护消费者生存权而作出的例外规定，必须严格把握条件，避免扩大范围，以免动摇抵押权具有优先性的基本原则。因此，这里的商品房消费者应当仅限于符合《全国法院民商事审判工作会议纪要》第125点规定的商品房消费者。买受人不是《全国法院民商事审判工作会议纪要》第125点规定的商品房消费者，而是一般的房屋买卖合同的买受人的，不适用上述处理规则。

[运用举例]

案情：2006年11月3日，益业能源公司设立，注册资本2亿元，后增加至3亿元。中化益业能源投资公司认缴出资额为7500万元，实缴1500万元，章程规定，剩余出资应于2008年9月30日前缴付。

2017年，德厚公司与益业能源公司等建设工程施工合同纠纷一案，陕西省高级人民法院（以下简称"陕西高院"）判决益业能源公司应向德厚公司支付工程款7 431 489元及利息。

后该案进入执行程序，经德厚公司申请，执行法院陕西省榆林市中级人民法院（以下简称"榆林中院"）裁定追加中化益业能源投资公司等公司为被执行人。中化益业能源投资公司等公司提起诉讼，榆林中院判决驳回其诉讼请求，其又上诉至陕西高院。陕西高院判决不得追加、变更中化益业能源投资公司为被执行人。

德厚公司不服，向最高法院申请再审，认为中化益业能源投资公司在未履行出资义务的情况下即向益业投资公司、太兴置业公司转让股权，其应当在未出资本息范围内对益业能源公司的债务承担连带责任。

2021年11月19日，最高法院裁定驳回德厚公司的再审申请。

裁判要点：股东具有转让股权以逃避出资义务的恶意，或存在在注册资本不高的情况下零实缴出资并设定超长认缴期等例外情形的，可以追加为被执行人。

专题 9 仲裁程序

考点 1　协议仲裁

1. 没有仲裁协议，不得申请仲裁。
2. 仲裁协议必须采取书面形式。
3. 仲裁协议内容（仲裁意愿、事项、选定的仲裁委）必须明确，不明确则无效。
4. 可仲裁的纠纷必须是财产纠纷。
5. 协议选择的仲裁委设在地级市以上。
6. 认为仲裁协议无效或确认仲裁协议效力，应在仲裁庭首次开庭前提出。

命题角度分析

债权人提起代位权诉讼，是否受债务人与次债务人之间的仲裁协议的约束？

一般认为，代位权诉讼的提起系基于法律的特别规定，债权人提起代位权诉讼不受债务人与次债务人之间的仲裁约定或者管辖约定的约束，应由次债务人住所地法院管辖。

[例] 最高人民法院在（2019）最高法民辖终73号案中认为，本案系债权人某成公司以债务人某泰公司怠于行使其对次债务人某电公司的到期债权，给某成公司造成损害为由，以自己的名义代位行使某泰公司对某电公司的债权而引起的诉讼，并非因债权转让而引起的诉讼。虽然某电公司主张其与某泰公司所签订的合同明确约定了仲裁条款，本案应由湘潭仲裁委员会审理，但由于某成公司既非该仲裁条款所涉合同的一方当事人，亦非该仲裁条款所涉合同权利义务的受让人，且该约定管辖与《最高人民法院关于适用〈中华人民共和国合同法〉若干问题的解释（一）》（现已失效）第14条规定的债权人代位权诉讼特殊地域管辖规定相冲突，故原审裁定认定某成公司不受该仲裁条款的约束，于法有据。本案应由被告住所地人民法院管辖。

考点 2　或审或裁

1. 在协议中，可以选择诉讼或仲裁
（1）若选择仲裁，需达成有效的仲裁协议，不得再向法院起诉；

（2）若选择诉讼，不得达成仲裁协议，不得申请仲裁。

2. 若达成了仲裁协议，但仲裁协议无效，仲裁委也不得受理。

3. 若当事人在协议中约定，可以选择某法院管辖，也可以仲裁，则仲裁协议无效，协议管辖可以有效。

4. 当事人主张仲裁协议有效，要在法院首次开庭前提出。

命题角度分析

当事人选择仲裁解决纠纷，应当具备明确的仲裁意思表示，"或审或裁"条款因缺乏清晰的仲裁意思表示，应认定为无效。

[例] 申请人甲公司诉被申请人乙公司申请确认仲裁协议效力案件。申请人与被申请人于 2011 年 6 月 18 日签订《建设工程施工合同》，因案涉合同管辖约定存在或审或裁，申请人认为该仲裁管辖约定无效。法院认为，案涉《建设工程施工合同》的"通用条款"中，双方当事人约定了申请仲裁或提起诉讼两种争议解决方式，属于或审或裁条款。根据《最高人民法院关于适用〈中华人民共和国仲裁法〉若干问题的解释》第 7 条的规定，当事人约定争议可以向仲裁机构申请仲裁也可以向人民法院起诉的，仲裁协议无效。但一方向仲裁机构申请仲裁，另一方未在仲裁法第 20 条第 2 款规定期间内提出异议的除外。故案涉《建设工程施工合同》"通用条款"中的仲裁条款无效。

[运用举例]

案情： 申请人祁某诉被申请人西安某置业有限公司申请确认仲裁效力案件。申请人与被申请人于 2014 年 5 月 10 日签订《商品房买卖合同》，约定发生争议提交西安市仲裁委员会仲裁；后双方于 2014 年 5 月 26 日签订《购房补充协议》，对未尽事宜进行了约定，并且约定发生争议由人民法院管辖；双方又于 2015 年 9 月 15 日签订《商品房买卖合同》，约定发生争议提交西安市仲裁委员会仲裁。申请人祁某认为《商品房买卖合同》虽然约定发生争议向仲裁机构申请仲裁，但《购房补充协议》则约定发生争议向人民法院起诉，说明《购房补充协议》已否定了仲裁协议，仲裁协议无效。被申请人西安某置业有限公司认为 2015 年 9 月 15 日签订的《商品房买卖合同》已经对之前的《购房补充协议》作出变更，双方当事人就变更事项达成了一致意见，变更后的内容就取代了原合同的内容，当事人就应当按照变更后的内容履行合同，仲裁协议有效。

裁判要点： 法院支持申请人祁某的观点，认为双方于 2015 年 9 月 15 日签订的《商品房买卖合同》是对 2014 年 5 月 10 日签订且已备案的《商品房买卖合同》的再次确认，并未明确否认也不完全包含《购房补充协议》的内容，未对《购房补充协议》进行解除或者撤销，亦未将《购房补充协议》中的内容完全包含在内，因此不能认定《购房补充协议》无效，故发生争议应当以《购房补充协议》约定的解决争议方式进行诉讼，而不是仲裁。确认申请人祁某与被申请人西安某置业有限公司的仲裁协议无效。

考点 3　一裁终局

1. 若在仲裁当中，仲裁申请被撤回，可以依据原协议再申请仲裁，不得起诉。
2. 仲裁裁决作出后就生效，不得就该纠纷起诉。
3. 裁决生效后，不得就该仲裁裁决上诉或申请再审。
4. 裁决生效后，可以向债务人住所地中院或财产所在地中院申请执行。
5. 若裁决存在法定事由，可以在收到裁决后申请撤销或在执行中不予执行。
6. 裁决被撤销或不予执行后，当事人可以向法院起诉，或重新达成仲裁协议申请仲裁。

命题角度分析

1. 针对驳回不予执行仲裁裁决申请的裁定，能否向上一级人民法院申请复议？

人民法院裁定不予执行仲裁裁决、驳回或者不予受理不予执行仲裁裁决申请后，当事人对该裁定提出执行异议或者申请复议的，人民法院不予受理。（《最高人民法院关于人民法院办理仲裁裁决执行案件若干问题的规定》第 22 条第 1 款）

2. 案外人申请不予执行仲裁裁决应当同时具备四个条件，人民法院应当据此进行审查，只有符合该四个法定条件，才可以裁定不予执行。即案外人根据《最高人民法院关于人民法院办理仲裁裁决执行案件若干问题的规定》第 9 条申请不予执行仲裁裁决或者仲裁调解书，符合下列条件的，人民法院应当支持：

（1）案外人系权利或者利益的主体；
（2）案外人主张的权利或者利益合法、真实；
（3）仲裁案件当事人之间存在虚构法律关系，捏造案件事实的情形；
（4）仲裁裁决主文或者仲裁调解书处理当事人民事权利义务的结果部分或者全部错误，损害案外人合法权益。（《最高人民法院关于人民法院办理仲裁裁决执行案件若干问题的规定》第 18 条）

考点 4　仲裁与破产

1. 公司解散清算与破产清算的衔接（《全国法院民商事审判工作会议纪要》第 117 点）

要依法区分公司解散清算与破产清算的不同功能和不同适用条件。债务人同时符合破产清算条件和强制清算条件的,应当及时适用破产清算程序实现对债权人利益的公平保护。债权人对符合破产清算条件的债务人提起公司强制清算申请,经人民法院释明,债权人仍然坚持申请对债务人强制清算的,人民法院应当裁定不予受理。

2. 强制清算前约定仲裁条款(《关于审理公司强制清算案件工作座谈会纪要》第31条)

人民法院受理强制清算申请后,就强制清算公司的权利义务产生争议的,应当向受理强制清算申请的人民法院提起诉讼,并由清算组负责人代表清算中公司参加诉讼活动。受理强制清算申请的人民法院对此类案件,可以适用《民事诉讼法》第37条(现为第38条)和第39条的规定确定审理法院。上述案件在受理法院内部各审判庭之间按照业务分工进行审理。人民法院受理强制清算申请后,就强制清算公司的权利义务产生争议,当事人双方就产生争议约定有明确有效的仲裁条款的,应当按照约定通过仲裁方式解决。

3. 破产申请受理前订立有仲裁条款或仲裁协议(《最高人民法院关于适用〈中华人民共和国企业破产法〉若干问题的规定(三)》第8条)

债务人、债权人对债权表记载的债权有异议的,应当说明理由和法律依据。经管理人解释或调整后,异议人仍然不服的,或者管理人不予解释或调整的,异议人应当在债权人会议核查结束后15日内向人民法院提起债权确认的诉讼。当事人之间在破产申请受理前订立有仲裁条款或仲裁协议的,应当向选定的仲裁机构申请确认债权债务关系。

4. 破产申请后的仲裁程序(《企业破产法》第20、47、119条)

人民法院受理破产申请后,已经开始而尚未终结的有关债务人的民事诉讼或者仲裁应当中止;在管理人接管债务人的财产后,该诉讼或者仲裁继续进行。

附条件、附期限的债权和诉讼、仲裁未决的债权,债权人可以申报。

破产财产分配时,对于诉讼或者仲裁未决的债权,管理人应当将其分配额提存。自破产程序终结之日起满2年仍不能受领分配的,人民法院应当将提存的分配额分配给其他债权人。

专题 10 跨越程序的规则总结

考点 1 和解与调解

法院调解原则贯穿于诉讼程序始终，身份确认案件不能调解，非讼、执行程序不能调解	诉讼中调解成功，可以制作调解书结案	若以调解书结案，调解协议只有过渡性效力，没有合同效力，不能据以执行。
	也可以以调解协议结案	若作为结案文书的调解书或调解协议具有给付内容，则具备强制执行力。
诉讼中和解	可以撤诉	和解协议只是过渡文件，没有合同效力，更没有强制执行力。
	可以制作调解书，不得以和解协议结案	
执行中不允许调解，可以和解	执行中和解，可以中止执行，可以撤回执行申请，不得依据和解协议制作调解书。	
	执行和解协议具备合同效力，没有强制执行力。执行和解协议履行完毕，执行结案。	

人民调解协议具备合同效力，但是没有强制执行力。确认人民调解协议的裁定，可以据以执行。

考点 2 "增变反"的处理

增加、变更诉讼请求和反诉简称"增变反"。

一审	在辩论终结前提出，合并审理。
二审发回重审	适用一审程序，按照一审处理（在辩论终结前提出，合并审理）。
二审	可以调解；调解不成的，告知另行起诉。双方当事人同意由第二审人民法院一并审理的，第二审人民法院可以一并裁判。

续表

再　　审	不属审理范围，告知另行起诉（但构成重复起诉，无法告知另诉的除外）。
再审发回重审	发回重审后，适用一审程序审理，对于增变反原则上不审理。但以下情况准许合并： （1）原审违法缺席判决，影响当事人行使诉讼权利； （2）遗漏当事人，需追加新当事人； （3）诉讼标的物变化、灭失，原诉讼请求已经无法实现； （4）当事人"增变反"，无法另诉解决。

考点 3 撤诉与裁判的生效

一审中撤回起诉	撤诉后可以就原纠纷再起诉。
二审中撤回起诉	同时撤销一审裁判，不可以再起诉。
上诉期内撤回上诉	不可以再上诉。上诉期经过，一审判决生效。
二审中撤回上诉	当事人舍弃上诉权，不可以再上诉。
	一审判决生效，不可以就原纠纷再起诉。
再审中撤回起诉	同时撤销一、二审裁判，不可以就原纠纷再起诉。
再审中撤回再审申请	不可以再申请再审。

命题角度分析

1. 在一审法院作出管辖权异议裁定前，原告申请撤回对已经进入破产程序的被告的起诉的，应当先对原告的撤诉申请作出处理，再确定案件管辖问题。

2. 法院对再审后发回重审的案件的审理是一审法院对当事人之间争议的重新审理，应视为新的一审案件，当事人的诉讼权利与义务应适用一审程序的相关规定予以确定，原告在重审期间撤诉后又起诉的，法院应予受理。

3. 诉讼阶段的撤诉与执行程序中的追加被执行人属于不同的法律程序。例如，原告将甲和乙一并诉到法院，在诉讼中对甲撤诉后，又在执行中追加甲为被执行人。前述撤诉与追加被执行人不具有法律上的因果关系，撤诉并不导致原告实体权利的丧失，也不妨碍原告在执行程序中申请追加被撤诉案外人为被执行人。

考点 4 ▶▶ 民事诉讼中检察院的作用

作为法律监督机关。此时，检察院不是当事人。	对整个审判和执行程序进行监督。监督的手段为抗诉与检察建议。	抗诉的对象为错误的法律文书，程序为上级抗下级，效果为必然启动再审。
		检察建议的对象为错误的法律文书及审判人员和执行人员的违法行为，程序为同级检察院对同级法院提出检察建议，效果为或然启动再审。
作为民事公益诉讼的原告。此时，检察院作为当事人，但与本案没有直接利害关系。	检察院提公益诉讼具有特定性、补充性。	针对特定领域：生态资源保护、食品药品安全、英烈利益保护。
		位于第二顺位：没有第一顺位主体或第一顺位主体不起诉的，检察院才能起诉；第一顺位主体起诉，检察院只能支持起诉。

考点 5 ▶▶ 在线诉讼的重要规则

1. 经当事人同意，普通程序和简易程序都可以采用网络平台线上诉讼的方式	（1）当事人可以只同意部分诉讼环节采取线上形式； （2）部分当事人同意适用、部分当事人不同意的，相应诉讼环节可以采取同意方当事人线上、不同意方当事人线下的方式进行； （3）当事人同意后又反悔，可以转线下审理。
2. 不得适用在线诉讼的情形 ★ 口诀：不同意，无条件，需现场，很疑难，影响秘密和安全。	（1）各方当事人均明确表示不同意，或者一方当事人表示不同意且有正当理由的； （2）各方当事人均不具备参与在线庭审的技术条件和能力的； （3）需要通过庭审现场查明身份、核对原件、查验实物的； （4）案件疑难复杂、证据繁多，适用在线庭审不利于查明事实和适用法律的； （5）案件具有重大社会影响，受到广泛关注的； （6）案件涉及国家安全、国家秘密的。
3. 适用简易程序的线上诉讼可以采用异步审理的方式进行。	
4. 对所有法律文书都可以电子送达。可以在线举证、质证。	

第二部分 面批面改*

案例 1　杨某与乙汽车服务公司买卖合同纠纷

案情：2014年6月24日，杨某与乙汽车服务公司签订销售合同，约定由乙汽车服务公司为其购买一台宾利慕尚汽车，售价550万元，车辆购置税470 085.47元。乙汽车服务公司于2014年10月将车辆交付给杨某。该车实际是由甲汽车销售公司从英国全新进口的，乙汽车服务公司系从甲汽车销售公司购入。该车其后登记于自然人杨某名下，车辆使用性质登记为非营运。2016年，杨某对车辆进行保养时发现，该车交车之前有过维修记录，但经销商乙汽车服务公司并未告知他。杨某怀疑这是辆问题车，依据销售合同将乙汽车服务公司、甲汽车销售公司诉至G省高级人民法院，请求乙汽车服务公司退还购车款550万元、车辆购置税470 085.47元，共计5 970 085.47元，以及支付车辆价款3倍的惩罚性赔偿金1650万元，并请求甲汽车销售公司承担连带责任。在庭审中，杨某称其购买此车辆主要用于商务接待活动，对方当事人对此未予以反驳。

一审法院查明，2014年7月30日，乙汽车服务公司进行车辆移交检查时发现，车辆左前门下有漆面损伤，便通过抛光打蜡清除了漆面损伤。同年10月8日，因汽车右后窗帘存在异响，乙汽车服务公司更换了窗帘。这两次维修操作均记载于车辆的维修记录中。案涉车辆于2014年7月30日和2014年10月8日进行过瑕疵处理和维修，可认定乙汽车服务公司在车辆交付前故意隐瞒了车辆的前述问题，剥夺了杨某的知情权和选择权，构成欺诈。依据《消费者权益保护法》第55条第1款的规定，乙汽车服务

---

* 因《民事诉讼法》和《民诉解释》在2021、2022年相继修正，本部分案例及解答中涉及上述法律法规、司法解释的引用、解读的，一律用新法表述。案例时间照旧，但用新法来解题，同样达到与时俱进的学习效果。

公司应承担购车款 3 倍的惩罚性赔偿责任。乙汽车服务公司不服一审判决,上诉至二审法院。

2018 年 11 月 30 日,二审法院经审理查明,经销商交车前曾对车门一处油漆瑕疵进行抛光打蜡,但不涉及钣金和喷漆,并对窗帘以进口原装配件进行了更换,两次处理记录均由经销商上传至相关网络。二审法院认为,杨某关于车漆抛光打蜡和窗帘更换属于"大修"、该车属于问题车的主张,与公众对于"大修"的合理认知明显不符。该车辆进口手续齐全,未被他人使用,经销商提供的车辆符合合同约定,杨某所称的"巨大损失"并无任何证据。虽然窗帘不属于车辆的重要部件,但因涉及配件的更换,且配件价值并非显著偏低,即使更换的是进口原装配件,经销商仍应如实告知。同时,因问题显著轻微,明显不危及车辆的安全性能、主要功能和基本用途,未给杨某的日常用车造成不利影响,不影响杨某的财产利益。经销商乙汽车服务公司与杨某签订合同时该车尚未到店,其不知晓轻微问题的存在,处理后即主动记载并上传了信息,并无隐瞒的主观故意。故法院对该案作出二审终审判决,认定被告的行为不构成"欺诈",判令其赔偿 1650 万元的一审判决被撤销,从侵害消费者知情权的角度酌定被告赔偿原告 11 万元,同时原告负担 31.1 万元诉讼费。

问题:(共 20 分)

1. 在本案中,原告杨某以甲汽车销售公司和乙汽车服务公司为共同被告诉至法院。甲汽车销售公司和乙汽车服务公司作为诉讼的被告是否适合?为什么?(5 分)

2. 在庭审中,杨某称其购买此车辆主要用于商务接待活动,但未提出任何证据对此加以证明,对方当事人对此未予以反驳。法院能否认可此事实?为什么?(5 分)

3. 二审法院认为一审法院的裁判结果错误,能否将案件发回重审?(5 分)

4. 本案是否应适用《消费者权益保护法》?(5 分)

考点

当事人的确定　消费者的认定　证明

答案

1. 原告以甲汽车销售公司和乙汽车服务公司作为共同被告诉至法院**不适合**。（2分）因为在本案中，原告依据销售合同起诉，根据合同的**相对性**，只能以合同相对方乙汽车服务公司为被告，**甲汽车销售公司不是适格当事人**。（3分）

注意：要判断甲汽车销售公司和乙汽车服务公司是否是本案的适格被告，可以从两个层面进行讨论：首先，甲汽车销售公司和乙汽车服务公司属于《民事诉讼法》中规定的法人，具备当事人能力；其次，要作为一个案件的适格当事人，一般而言，必须是该案件中争议法律关系的主体。在本案中，原告依据销售合同起诉，而甲汽车销售公司并非销售合同的销售方，其未直接对杨某进行销售及服务，合同具有相对性，甲汽车销售公司不是合同纠纷的适格当事人。

2. 法院**可以认可此事实**。（2分）因为被告对原告主张的事实已经了解且未予反驳，构成**默示自认**，根据《民诉解释》和《最高人民法院关于民事诉讼证据的若干规定》的相关规定，法院**应将此作为裁判依据**。（3分）

注意：在庭审中，虽然杨某未举证证明其所陈述的购买车辆主要用于商务接待的事实，但被告对此事实也未予反驳。根据《民诉解释》第92条第1款的规定，一方当事人在法庭审理中，或者在起诉状、答辩状、代理词等书面材料中，对于己不利的事实明确表示承认的，另一方当事人无需举证证明。另外，根据《最高人民法院关于民事诉讼证据的若干规定》第4条的规定，一方当事人对于另一方当事人主张的于己不利的事实既不承认也不否认，经审判人员说明并询问后，其仍不明确表示肯定或者否定的，视为对该事实的承认。本案中，如法院对杨某所主张的事实说明并询问后，对方当事人对此事实仍未予反驳，就视为其对此事实的默示，构成自认，法院无需对该事实调查、审核，即可以将该事实作为裁判的依据。

3. 二审法院**不可以**将案件发回重审。（2分）因为本案系一审法院认定事实错误，根据《民事诉讼法》的相关规定，二审法院应依法对**本案进行改判**。（3分）

注意：一审法院认定乙汽车服务公司的行为构成欺诈，而二审法院认为乙汽车服务公司的行为不构成欺诈，可以判断二审法院是认为一审法院认定的事实存在着错误。根据《民事诉讼法》第177条的规定，第二审人民法院对上诉案件，经过审理，按照下列情形，分别处理：①原判决、裁定认定事实清楚，适用法律正确的，以判决、裁定方式驳回上诉，维持原判决、裁定；②原判决、裁定认定事实错误或者适用法律错误的，以判决、裁定方式依法改判、撤销或者变更；③原判决认定基本事实不清的，裁定撤销原判决，发回原审人民法院重审，或者查清事实后改判；④原判决遗漏当事人或者违法缺席判决等严重违反法定程序的，裁定撤销原判决，发回原审人民法院重审。原审人民法院对发回重审的案件作出判决后，当事人提起上诉的，第二审人民法院不得再次发回重审。可知，在二审法院认为一审法院认定事实错误或者适用法律错误的时候，只能以判决、裁定方式依法改判、撤销或者变更，不允许将案件发回重审。

4. 本案应适用《消费者权益保护法》。（2分）因为杨某虽称该车辆主要用于商务接待，但用于与工作有关之用途是个人消费者日常用车的常见情形，因而仍然属于"消费者为生活消费需要购买、使用商品"的情形，因此，仍属于《消费者权益保护法》的保护范围。（3分）

注意：本案中，是否应将杨某认定为消费者，主要依据《消费者权益保护法》第2条的规定来判断。该法条规定："消费者为生活消费需要购买、使用商品或者接受服务，其权益受本法保护；本法未作规定的，受其他有关法律、法规保护。"所谓生活消费，是指人们为满足物质、文化需要而进行的各种消耗过程。现代社会的一个重要特点，就是社会分工越来越细，社会成员的生活所需物品无法靠自己的生产活动来实现自给自足，而只能依靠交易获得，即通过购买、使用他人生产的商品或者接受他人提供的服务来满足自己的生活需要。生活消费与人们的日常生活密切相关，是人类维持基本生存、提高生活质量以及追求幸福生活的重要方式，具体表现为衣、食、住、行、用等方面的消费活动。人们在为生活需要购买、使用商品或者接受服务时，与市场的经营者打交道，处于相对弱势的地位，如掌握信息不全面、缺乏专业知识等，容易产生其合法权益受到损害的现象，所以有必要通过法律的手段予以专门的保护，维护其合法权益不受非法侵害。

在本案中，杨某购买的车辆除自用外，主要用途是商务接待，这是否会影响其消费者身份的认定呢？本案中的车辆价值较高，首先，不同消费者受收入约束的程度不一，即使是同等收入的消费者，其消费预算、消费习惯、消费偏好亦存在差别，何谓"生活消费需要"，感受因人而异。随着经济社会的不断发展，"生活消费需要"的范围相应亦呈扩展和变化之势，仅以车辆售价的高低作为"生活消费需要"的判断标准，在现实中具有不确定性。其次，杨某自认案涉车辆主要用于商务接待活动，但消费者将个人所购车辆用于生活所需且不排除用于与工作有关的活动，乃个人消费者日常用车的常见情形，将为"生活消费需要"而购车解释为所购车辆不能同时用于与工作有关的活动，与社会大众使用车辆的现实不符，且必然导致大量购买车辆的消费者被排除在《消费者权益保护法》的保护范围之外，不利于消费者权益的保护。因此，既然案涉车辆登记于自然人杨某名下，车辆使用性质登记为非营运，而乙汽车服务公司和甲汽车销售公司不能举证证明案涉车辆直接作为生产经营工具使用，因杨某的工作性质与商业活动相关，即使存在杨某将所购车辆同时用于商务接待的事实，《消费者权益保护法》亦应适用于本案。

案例 2 D公司与T公司反垄断纠纷

案情： D公司向其所在地F市中院提交诉状，起诉T公司滥用市场支配地位、构成垄断，要求被告解除D公司所研发和推广的短视频类产品无法在其开发的软件平台直接分享、直接打开的限制。D公司认为，该屏蔽行为是利用平台优势实行歧视性待遇，构成不正当竞争。D公司要求法院判令T公司立即停止这一行为，刊登公开声明，消除不良影响，并赔偿D公司经济损失及合理费用9000万元。该案被F市中院受理后，T公司向法院提出管辖权异议，其理由是，该平台的《开放平台开发者协议》和《互联开放平台开发者协议》均载明："协议的签订地为T公司所在地S市N区……若D公司和T公司之间发生任何纠纷或争议……双方均同意将纠纷或争议提交本协议签订地有管辖权的法院解决。"（该部分在协议中以加黑字体显示，下面标注下划线）T公司认为，该案实际上是D公司的短视频产品使用T公司的开放平台时产生的合同纠纷。因此，该案应在合同约定的管辖地，即S市相关法院进行审理。其后，F市中院作出裁定，认可T公司提出的管辖权异议，裁定将案件移送S市中院审理。

问题：（共20分）

1. 在不考虑协议管辖的情况下，F市中院对本案是否具备法定管辖权？（3分）对于F市中院作出的管辖权异议的裁定，若D公司不服，可以如何救济？（2分）

2. F市中院是否应依管辖协议将案件移送S市中院管辖？（5分）

3. D公司提出的诉讼请求属于何种诉的类型？（2分）若在第1问救济程序启动后，D公司向F市中院申请撤诉，法院应如何处理？（3分）

4. 若黄某等多名用户曾试图将D公司的相关视频通过T公司开发的平台分享给自己的好友，但无法正常分享，对方收到链接后也无法打开，遂起诉T公司。对于本案，诉讼程序应如何进行？（5分）

考点

管辖　共同诉讼　诉的类型

答案

1. 在民事诉讼中，根据处分原则，原告可以选择恰当的请求权基础提起诉讼。原告可以依据反不正当竞争请求权的相关规范提起诉讼。法院确定管辖时应受原告主张的请求权的约束。反不正当竞争请求权对应的是反不正当竞争法律关系。因其具有侵权法律关系的基本特征，故反不正当竞争法律关系在确定管辖时，归属于侵权法律关系。（1分）《民事诉讼法》第29条规定，因侵权行为提起的诉讼，由侵权行为地或者被告住所地人民法院管辖。《民诉解释》第24、25条规定，《民事诉讼法》第29条规定的侵权行为地，包括侵权行为实施地、侵权结果发生地。信息网络侵权行为实施地包括实施被诉侵权行为的计算机等信息设备所在地，侵权结果发生地包括被侵权人住所地。F市中院是被侵权人住所地法院，即侵权结果发生地法院，在不考虑协议管辖的情况下，对本案有管辖权。（2分）对于F市中院作出的管辖权异议的裁定，若D公司不服，可以向F市中院的上级法院提出上诉。（2分）

2. D公司以不正当竞争为案由提起诉讼，并非合同纠纷，应按照侵权纠纷确定本案管辖。《民事诉讼法》第35条已经将管辖协议的范围定位于"合同或者其他财产权益纠纷"，而《开放平台开发者协议》和《互联开放平台开发者协议》中的管辖协议也将纠纷范围限定为"任何纠纷或者争议"，因此，无论原告以何种案由起诉，只要涉及财产争议，理论上都在管辖协议的规范范围内。《民事诉讼法》第35条除了规定案件范围条件外，还规定了管辖协议必须要以书面形式订立，需要选择与争议有实际联系的地点的人民法院等积极条件，以及不得违反级别管辖和专属管辖的消极条件。根据案情，本案中的管辖协议并不违反《民事诉讼法》第 35 条的规定。(2 分)

根据《民诉解释》第 31 条的规定，除非提供格式条款一方采取了合理的方式提请消费者注意，否则，消费者有权主张有关管辖协议的格式条款无效。在管辖协议条款中，格式条款提供方的确以加粗字体和下划线强调了管辖协议条款，可以视为其尽到了提示说明义务。(1 分)

但根据《民法典》第 497 条第 2、3 项的规定，提供格式条款一方不合理地免除或减轻其责任、加重对方责任、限制对方主要权利，或者提供格式条款一方排除对方主要权利的，该格式条款无效。具体到本案，此种由 T 公司提供又将管辖法院排他地限定在 T 公司所在地的格式条款，应当视为对对方主要权利（诉权）的限制、排除，应当无效。而 F 市中院对案件有管辖权，不应该将案件移送 S 市中院管辖。(2 分)

3. D 公司提出的诉讼请求包括不作为的给付内容、作为的给付内容和财物的给付内容，因此属于给付之诉。(2 分) 若在对管辖权异议裁定上诉引起的二审程序启动后，D 公司向 F 市中院申请撤诉，一审法院裁定准予撤诉，二审法院对管辖权异议不再审查。(3 分)

4. 若黄某等多名用户共同起诉 T 公司，构成普通共同诉讼。(1 分) 当事人一方或者双方为 2 人以上，诉讼标的是同一种类，法院认为可以合并审理并经当事人同意的，为普通共同诉讼。(2 分) 法院可以将黄某等人的起诉合并审理，但要分别作出判决。若起诉的原告达到 10 人以上，可以在合并审理后由黄某等人推选 2~5 名代表人代表其参加诉讼。(2 分)

案例 3　王某与 HL 商贸公司法人人格否认纠纷

案情： HL 商贸公司为自然人独资的有限责任公司，王某为 HL 商贸公司的唯一股东。HL 商贸公司拖欠杨某补偿款 1 880 305 元，并以公司经营不善、无力偿还为由一直未还。后因政府拆迁，HL 商贸公司获得 6 620 178 元拆迁补偿款，但是其唯一股东王某代表公司领取了 6 620 178 元的拆迁款支票后，并未将该笔款项归入公司账户，而是将该笔款项通过其朋友的公司套现转入个人账户。

杨某得知后，以王某与 HL 商贸公司财产混同为由，诉至法院，要求王某对公司债务承担连带责任。其后，杨某将 HL 商贸公司诉至法院，要求 HL 商贸公司偿还 1 880 305 元补偿款。法院判决被告全额还款。后 HL 商贸公司被法院强制执行，因公司暂无可执行财产，公司被列入失信被执行人名单。杨某遂将王某又诉至法院，要求王某对公司的 1 880 305 元债务承担连带责任。

王某则辩称，其个人财产与公司财产界限分明，不存在混同情况，并提交了记账凭单、纳税申报表、财税报表、明细账等资料予以证明，并称拆迁补偿款已代表公司投资购买古玩原石。本案经 M 基层法院一审，判决王某对 HL 商贸公司的债务承担连带赔偿责任。

问题：（共 20 分）

1. 对于杨某的第一次起诉，法院应如何处理？（5 分）

2. 本案中，在王某财产是否和公司财产发生混同的事实真伪不明的情况下，法院应如何裁判？（2 分）请简要说明理由。（3 分）

3. HL 商贸公司被纳入失信被执行人名单后，执行程序应如何进行？（5 分）

4. 杨某遂将王某又诉至法院，要求王某对公司的 1 880 305 元债务承担连带责任，本案中当事人的诉讼地位如何列明？（2 分）对于杨某对 HL 商贸公司享有 1 880 305 元债权的事实，杨某是否需要提供证据加以证明？（3 分）

考点

法人人格否认的程序规则　执行措施　终结本次执行　执行开始

答案

1. 债权人对债务人公司享有的债权尚未经生效裁判确认（1分），直接提起公司人格否认诉讼，请求公司股东对公司债务承担连带责任的，人民法院应当向债权人释明（1分），告知其追加公司为共同被告（1分）。债权人拒绝追加的，人民法院应当裁定驳回起诉。（2分）

2. 根据《公司法》第63条的规定，一人有限责任公司的股东不能证明公司财产独立于股东自己的财产的，应当对公司债务承担连带责任。（2分）因此，在一人公司法人人格否认案件中，债权人以一人公司的股东与公司存在财产混同为由起诉要求股东对公司债务承担连带责任，应实行举证责任倒置，由股东对其个人财产与公司财产之间不存在混同承担举证责任。所以，在王某财产是否和公司财产发生混同的事实真伪不明的情况下，法院应判决王某对公司相关债务承担连带责任。（3分）

3. HL商贸公司被纳入失信被执行人名单后，法院应裁定终结本次执行。（2分）若发现HL商贸公司可供执行的财产线索，杨某可以向法院申请执行，此次申请不受2年执行时效的限制。（3分）

4. 债权人对债务人公司享有的债权已经由生效裁判确认，其另行提起公司人格否认诉讼，请求股东对公司债务承担连带责任的，列股东王某为被告，HL 商贸公司为第三人。（2 分）杨某对 HL 商贸公司享有 1 880 305 元债权的事实已经经法院生效裁判认定，属于免证事实，杨某不需要提供证据加以证明。（3 分）

案例 4 方选与计算机网络有限公司网络侵权纠纷

案情： 东海省出云县的原告方选系被告江南市开天辟地网域计算机网络有限公司（以下简称"网域公司"）所开发经营的新款绝地求生游戏的玩家。原告在被告经营的游戏中分别注册了 31415926 和 22334250 两个游戏账号，游戏角色分别为向矮乙和二手云，并在绝地求生游戏南方 2 区进行游戏活动。该两账号中拥有多种高级游戏装备及绝地求生币等其他装备。

原告于 2006 年 7 月向东海省出云县人民法院提起诉讼，诉称其于 2006 年 4 月以该两账号登入绝地求生游戏时，发现被告以原告系职业盗窃者为由，永久查封了原告的两账号及账号中的所有装备及绝地求生币。原告认为被告的行为严重侵犯了原告的合法权益，给原告的精神造成了严重打击，故诉请法院判令被告：①解除对该两账号的查封；②返还账号中的装备；③向原告赔礼道歉、消除影响，并在其官方主页中发表书面道歉；④赔偿原告精神损失费 1 万元。

被告辩称，因原告违反了双方之间的绝地求生 Online 用户协议，其依据该协议查封原告的账号及装备，不存在过错。同时被告公司提出了管辖权异议，称原告与被告间的法律关系为一种服务合同关系。原告在同意网域公司的游戏服务协议并成功注册游戏账号后，网域公司即为原告提供即时的网络游戏。双方在服务协议第 16 条第 2 款中明确约定，若用户与我司之间发生合同纠纷，首先应友好协商，协商不成的，用户在此完全同意将纠纷提交我司所在地法院管辖，即本案争议管辖法院为网域公司所在地法院，要求本案由网域公司的住所地江南市人民法院管辖，东海省出云县人民法院对本案没有管辖权。

一审判决作出后，当事人上诉到二审法院。二审法院发现一审法院只对前三个诉讼请求进行了判决，未对精神损失费作出判决。

问题：（共 20 分）

1. 本案中，原告提起的诉讼属于何种诉的类型？（2 分）请简要说明理由。（3 分）
2. 对于被告提出的管辖权异议，法院应如何处理？（5 分）
3. 若在答辩期内，被告没有提出管辖权异议，且应诉答辩，将产生何种法律后果？（5 分）

4. 针对本案一审判决,二审法院应如何处理?(5分)

考点

诉的类型　管辖权异议　应诉管辖　二审裁判

答案

1. 原告提起的诉属于给付之诉。(1分)给付之诉包括行为的给付之诉和财物的给付之诉。(1分)解除对该两账号的查封,向原告赔礼道歉、消除影响,并在其官方主页中发表书面道歉属于行为的给付之诉(2分);而返还账号中的装备并赔偿原告精神损失费1万元则属于财物的给付之诉(1分)。

2. 对于被告提出的管辖权异议,法院应予以驳回。(2分)本案属于典型的请求权基础竞合,原告可以选择侵权法律关系或者合同法律关系中的某一诉讼标的起诉。(1分)在本案中,当事人就合同纠纷约定了协议管辖的条款。但是本案原告选择了侵权关系作为诉讼标的。而在网络侵权中,被侵权人住所地作为原告住所地,属于侵权结果发生地,故东海省出云县人民法院对本案具有管辖权。(2分)所以,被告提出的管辖权异议不成立,应予以驳回。

3. 被告在答辩期内没有提出管辖权异议,并且应诉答辩的,视为该法院有管辖权,但违反专属管辖和级别管辖的除外。(3分)因此,产生的效果是,该法院取得管辖权,不允许进行移送管辖。(2分)

4. 一审法院存在着"漏判"的情况。(2分)二审法院可以对一审法院遗漏的诉讼请求进行调解。无法达成调解协议的,二审法院应裁定撤销原判,将案件发回一审法院重新审理。(3分)

案例 5 顾女士等著作权侵权纠纷

案情：在卫视和网络平台热播的现代言情玄幻仙侠武打恐怖悬疑电视剧《我在富贵屯给不了你国贸的爱》的原作，被指涉嫌抄袭百余部作品。该剧改编自笔名为"哈尔滨的移动城堡"的作者的同名网络小说（原名《这个手刹不太灵》）。数十名网络志愿者在3年时间里，对这部长达454章的小说进行了详细的"抄袭比对"工作，引发各界关注。《我在富贵屯给不了你国贸的爱》首发于中东书院网站，并授权多家网站转载，网站均以付费阅读的方式进行网络传播。除以网络和图书形式出版之外，该系列作品还被改编为同名电视剧，于2017年7月2日起在两大卫视频道播出，同时在多家视频网站提供在线观看。此外，该作品还被改编成同名漫画，并许可某公司将其改编为同名手机游戏。

《狼牙土豆》的作者顾女士（笔名"最近老是睡不好"）是中东原创网的签约作者。2012年1月，其在签约网站首发作品《狼牙土豆》，并与其他11位作家（后来，著名作家向矮乙也参加到诉讼中）起诉了被告"哈尔滨的移动城堡"，此次维权的作品包含《哎呀，霸道总裁爱吃炭烤里脊》《鱼塘给你承包了3年》《仇富者联盟》《牙齿大牙套就不好戴，戴了也有点疼》《卖女孩的小火柴》等共计11部权利作品。顾女士在诉状中称，"哈尔滨的移动城堡"创作的《我在富贵屯给不了你国贸的爱》抄袭了大量现有文学作品中的语句和情节，系拼凑而成。"哈尔滨的移动城堡"却因该书的出版、影视改编、摄制、手游开发获得了巨大利益。而"哈尔滨的移动城堡"未经同意大量抄袭其作品和其他作者的作品，伤害了包括她在内的多名网络原创作家的积极性，带来了极为恶劣的负面影响。故诉请法院判令被告刊登致歉声明，停止著作权侵权行为，包括停止出版发行、网络传播以及使用《我在富贵屯给不了你国贸的爱》一书，并赔偿12位作家经济损失及合理维权支出211.55万元，某门户网停止销售《我在富贵屯给不了你国贸的爱》一书。诉讼中，著名编剧高晖经原告申请出庭发表了意见。

本案经西虹市如梦区人民法院一审后作出判决，双方当事人均未上诉。

问题：（共20分）

1. 本案中，若向矮乙没有参加诉讼，法院是否可以依职权追加？（2分）请简要说明理由。（3分）

2. 本案在诉讼程序上，应如何进行？（5分）
3. 高晖在本案中属于何种诉讼地位？（2分）其权利和义务如何？（3分）
4. 若原告认为如梦区人民法院的一审判决错误，可以如何救济自己的利益？（5分）

▷ 考点

普通共同诉讼　代表人诉讼　专家辅助人　再审的启动

答案

1. 若向矮乙没有参加诉讼，法院不得依职权追加。（2分）本案中，原告原来有11人，被告为1人。而原告和被告之间存在11个彼此独立又属于同一种类的著作权侵权法律关系。本案一方当事人达到2人以上，双方当事人之间存在多个同一种类的诉讼标的，属于普通共同诉讼。（2分）若向矮乙没有起诉，可以另行向法院起诉，因本案没有必须合并审理的必要，所以法院不可以依职权追加。（1分）

2. 本案一方当事人达到10人以上，属于一方当事人人数众多。（1分）由于本案属于当事人人数确定的普通共同诉讼，应由当事人推选诉讼代表人；若推选不出，当事人可以另行起诉。（2分）本案的代表人诉讼应适用一审普通程序审理，不得适用简易程序审理。（2分）

3. 高晖为一方当事人聘请出庭就专业问题发表专业意见的专业人士，属于本案中的专家辅助人。（2分）高晖有取得报酬的权利，由申请人支付其出庭的费用，同时，高晖应接受对方当事人和法院的询问，就专业问题提出专业意见。（3分）

4. 如梦区人民法院一审作出判决后，双方当事人均未上诉，一审判决即生效。（1分）若当事人对生效判决不服，可以向法院申请再审。（2分）本案中，双方当事人均为公民，且一方当事人人数众多，所以，原告要申请再审，可以向原审人民法院——如梦区人民法院申请再审，也可以向原审人民法院的上一级法院——西虹市中级人民法院申请再审。（2分）

案例 6　西虹众鑫煤矿与东海秀盈公司返还垫支款纠纷

案情： 东海秀盈公司是秀盈控股公司设立的分公司。2010年1月，东海秀盈公司与位于东海省西虹市的西虹众鑫煤矿、东海银业集团有限公司（以下简称"银业集团"）共同签署《协议书》，约定西虹众鑫煤矿全面退出与银业集团的合作项目，退出18个煤矿兼并重组整合项目，由秀盈控股公司进入上述两项项目，合同相关义务一律在西虹市履行。西虹众鑫煤矿按照《协议书》约定，履行了合同的相关义务。2011年3月，西虹众鑫煤矿致函秀盈控股公司，要求其先行支付60亿元预付款中的3亿元。随后，秀盈控股公司分别于2011年3月28日、2011年4月27日分两笔支付了累计3亿元预付款。因《协议书》约定的其他款项给付需待审计确认后方可进行，2010年7月5日，受东海秀盈公司委托，某会计师事务所出具《西虹众鑫煤矿接管银业集团下属10家企业及其他7家煤矿期间垫支资金情况的调查报告》。该报告显示西虹众鑫煤矿垫支金额共计19 203.95万元，2011年12月8日和13日，东海秀盈公司对调查报告结果进行了书面确认。2011年12月14日，在西虹市中院审理西虹众鑫煤矿破产清算程序的过程中，西虹众鑫煤矿向东海秀盈公司递交了《关于尽快归还西虹众鑫煤矿资金的函》，要求其归还剩余预付款及垫支资金共计6 668 929 031.95元。但是，东海秀盈公司、秀盈控股公司一直没有归还。故西虹众鑫煤矿起诉至西虹市中院，要求东海秀盈公司、秀盈控股公司履行其债务。秀盈控股公司在一审提交答辩状期间提出管辖权异议，认为西虹众鑫煤矿是依据西虹众鑫煤矿与银业集团及东海秀盈公司所签订的《协议书》提起的诉讼，而秀盈控股公司并非该《协议书》的当事人。

另根据《民事诉讼法》第24条"因合同纠纷提起的诉讼，由被告住所地或者合同履行地人民法院管辖"的规定，秀盈控股公司的住所地及本合同实际履行地均在香港，故该案应由香港相关法院管辖受理，一审法院无权管辖受理，请求裁定驳回西虹众鑫煤矿的起诉。西虹市中院将案件移送到东海省高院审理。

问题：（共20分）

1. 本案的原告是否合法？（2分）请简要说明理由。（3分）
2. 本案的被告确定是否正确？（2分）请简要说明理由。（3分）
3. 本案中，西虹市中院对本案是否具有管辖权？（5分）

4. 东海省高院应如何处理本案?(5分)

考点

当事人确定　级别管辖　移送管辖

答案

1. 西虹众鑫煤矿可以作为本案原告。(2分) 因为西虹众鑫煤矿属于和本案有直接利害关系的法人，具备当事人能力。(3分)

注意：《民事诉讼法》第122条规定，起诉必须符合下列条件：①原告是与本案有直接利害关系的公民、法人和其他组织；②有明确的被告；③有具体的诉讼请求和事实、理由；④属于人民法院受理民事诉讼的范围和受诉人民法院管辖。因此，诉讼案件的原告，应为公民、法人和其他组织，才能具备当事人能力，且应与案件具备法律上的直接利害关系。在本案中，西虹众鑫煤矿虽然进入破产清算阶段，但尚未注销，仍具备当事人能力，可以作为本案当事人，且西虹众鑫煤矿作为本合同争议的法律关系的主体，和本案有直接利害关系。

2. 本案的被告确定是正确的。(2分) 东海秀盈公司作为秀盈控股公司的分公司，可以和总公司一起作为本案的共同被告。(3分)

注意：根据上述《民事诉讼法》第122条的规定，虽然2010年1月签订《协议书》

的合同当事人为东海秀盈公司、西虹众鑫煤矿，但是，东海秀盈公司是秀盈控股公司依法设立的分公司。所以，西虹众鑫煤矿一审起诉主张东海秀盈公司、秀盈控股公司共同偿还预付款及相应利息，东海秀盈公司、秀盈控股公司共同偿还垫支款及相应利息，该分公司和总公司可以作为共同被告。另外，东海秀盈公司和秀盈控股公司均符合法律规定的被告条件，相关信息明确。

3. 西虹市中院对本案有管辖权。（2分）西虹市中院为审理破产案件的法院，对于有关债务人的诉讼应由西虹市中院集中管辖。（3分）

注意：根据《民事诉讼法》第24条"因合同纠纷提起的诉讼，由被告住所地或者合同履行地人民法院管辖"的规定，本案中，虽然被告秀盈控股公司住所地在香港，但是当事人争议合同的约定履行地在西虹市，虽然实际履行地在香港，但也应以西虹市作为合同履行地。所以，西虹市对本案具备地域管辖权。

有些同学可能注意到了，由于本案涉案标的额巨大，属于"在本辖区有重大影响的第一审民事案件"，按照这样的思路，本案应由东海省高院作为一审法院。但是却没有注意到，此时，西虹众鑫煤矿已经进入破产清算阶段，根据《企业破产法》第3条的规定，破产案件由债务人住所地人民法院管辖。《企业破产法》第21条规定，人民法院受理破产申请后，有关债务人的民事诉讼，只能向受理破产申请的人民法院提起。所以，有关西虹众鑫煤矿的债权债务纠纷应由受理破产案件的西虹市中院集中管辖，该法院对本案仍然有管辖权。

4. 东海省高院不得将案件移送回西虹市中院，也不得将案件移送给其他法院。（2分）若东海省高院认为其对本案没有管辖权，应提请最高院指定管辖。（3分）

注意：若法院受理案件前发现不符合受理条件，应不予受理；而在受理案件后发现不符合受理条件，则应驳回起诉。在本案中，显然西虹市中院已经受理了案件（已经进入答辩程序），其认为自己没有管辖权，应依职权将案件移送到有管辖权的法院。受移送的法院不得自行移送，应报请自己的上级法院指定管辖。

案例 7 孙恩与郑运成、杨雪借贷合同纠纷

案情：原告孙恩与被告郑运成系朋友关系，郑运成与杨雪系夫妻关系，二人于 2005 年 9 月 20 日登记结婚。郑运成向原告孙恩出具落款日期为 2007 年 7 月 20 日的《借条》一张，载明："今我郑运成向孙恩借人民币 200 000 元整（贰拾万元整），于 2009 年 7 月 20 日前归还，利息按 5% 计算。"落款处由郑运成以借款人身份签名。举证期届满后，原告才向法院提交了被告书写的《催款通知单》的复印件，并称原件丢失，复印件载明："郑运成向孙恩借款，约定于 2009 年 7 月 20 日前归还，但已超过期限，至今没还，特此向郑运成催讨借款。"落款日期为 2009 年 7 月 23 日。郑运成在该份《催款通知单》上加注："我知道，因经营不善无钱归还，恳求延长 2 年，利息照旧。"关于借款交付，其主张因其无使用银行卡的习惯，故家中常年放置大量现金，200 000 元系以现金形式一次性交付给郑运成。对于原告的上述主张，被告郑运成表示认可，并称其收到借款后同样以现金形式存放，并于 2007 年 8 月 2 日以其中的 10 万元提前归还夫妻共有的房屋贷款。另查明，2007 年 7 月 19 日，被告郑运成名下账号为 1001×××××××××3366 的中国工商银行账户内余额为 167 545.34 元。2007 年 8 月 2 日，郑运成从上述银行账户内支取 100 000 元。当日，郑运成向中国建设银行偿还个人购房贷款 100 000 元。

再查明，2009 年 6 月 18 日，被告郑运成与杨雪签署《离婚协议书》一份，确认双方生意经营、房产状况、房屋贷款等事宜，未涉及本案系争借款。双方同时约定"其他债务事宜，双方任何一方不确认则不成立"。至借贷纠纷发生时，离婚诉讼尚在进行。

问题：（共 20 分）

1. 本案原告孙恩是否需要举证证明借贷关系成立？（2 分）请简要说明理由。（3 分）

2. 本案中，杨雪能否以第三人身份参加诉讼？若杨雪以第三人身份参加诉讼，应作为何种第三人？（2 分）请简要说明理由。（3 分）

3. 试分析《催款通知单》复印件的证据理论分类（2 分）并简要说明理由（3 分）。

4. 《催款通知单》是否可以采纳？其证明力如何？（2 分）请简要说明理由。（3 分）

考点

证明责任 第三人 证据种类 证明力规则

答案

1. 原告孙恩需要举证证明借款关系成立。（2分）理由是，孙恩主张债权产生、郑运成自认的事实与法院查明的事实不符，其自认不能成立。（3分）

注意：按照证明责任分配的一般法则，在合同纠纷案件中，主张合同关系成立并生效的一方当事人对合同订立和生效的事实承担举证责任。故原告孙恩主张其与被告郑运成之间存在有效的借款合同关系，其应就双方之间存在借款的合意以及涉案借款已实际交付的事实承担举证责任。现原告提供《借条》意在证明其与郑运成之间存在借款的合意，被告郑运成对借款事实及款项交付事实进行了自认，理论上应免除债权人举证证明以上两事实的责任。然而，基于两被告目前的婚姻状况以及利益冲突，被告郑运成对系争借款的认可，亦不能当然地产生被告自认债务的法律效果。郑运成陈述其用借款现金偿还房贷，与法院查明的事实明显不符。上述事实和行为足以使法院对郑运成相关陈述的真实性产生怀疑。郑运成和原告存在虚假诉讼的可能，其自认不能成立。故基于以上原因，原告孙恩仍需就其与郑运成之间借贷关系成立并生效的事实，承担相应的举证责任。

2. 可以。法院可以将杨雪追加为无独立请求权的第三人参加诉讼。（2分）因其与本案处理结果有法律上的利害关系。（3分）

注意：杨雪可以以第三人的身份参加诉讼。虽原告孙恩在本案中表示向被告郑运成主张还款，但郑运成辩称涉案借款用于夫妻共同生活，应由夫妻双方共同偿还。虽然杨雪对本案争议的诉讼标的没有独立请求权，但基于本案处理结果与杨雪有法律上的利害关系，法院可以依法将其追加为无独立请求权的第三人参加诉讼。

3.《催款通知单》复印件的产生时间晚于案件事实发生时间，故属于传来证据。(1分)《催款通知单》复印件并不能单独、直接证明借贷关系的全面事实，故属于间接证据。(2分)对于借贷关系成立由原告负担证明责任，而《催款通知单》复印件则正是原告提供的证明其主张成立的证据，故属于本证。(2分)

注意：根据证据是否直接来源于案件事实，可以将证据分为原始证据和传来证据。《催款通知单》复印件的产生时间晚于案件事实发生时间，并非直接来源于案件事实，故属于传来证据。根据单个证据和证明对象之间的关系，可以将证据分为直接证据和间接证据。《催款通知单》复印件并不能单独、直接证明借贷关系的全面事实，如无法证明借款数额，故属于间接证据。根据当事人对待证事实负担的证明责任，可以将证据分为本证和反证。本案中，对于借贷关系成立由原告负担证明责任，而《催款通知单》复印件则正是原告提供的证明其主张成立的证据，故属于本证。

4. 原告逾期提交的证据和案件基本事实有关，该证据与本案有逻辑上的联系，也具备关联性，故应予以采纳。(2分)同时，该复印件的原件丢失，复印件无法和原件、原物核对，故不得单独作为认定案件事实的依据。(3分)

注意：《民诉解释》第102条第1款规定："当事人因故意或者重大过失逾期提供的证据，人民法院不予采纳。但该证据与案件基本事实有关的，人民法院应当采纳，并依照民事诉讼法第68条、第118条第1款的规定予以训诫、罚款。"本案中，虽然无法确定原告逾期举证的主观状态，但是其逾期提交的证据和案件基本事实有关，该证据与本案有逻辑上的联系，也具备关联性，故应予以采纳。同时，该复印件的原件丢失，复印件无法和原件、原物核对，故不得单独作为认定案件事实的依据。

案例 8　聂武与明珠商业有限公司消费合同纠纷

案情： 原告聂武诉明珠商业有限公司（以下简称"明珠商城"）消费合同纠纷一案，法院查明，聂武从明珠商城购买药物服用后造成肝损伤。涉案药品系西封药业有限责任公司（以下简称"西封药厂"）生产，故将西封药厂作为当事人追加进入一审程序。一审时，原告聂武的起诉状送达给西封药厂和明珠商城，明珠商城在答辩期内并没有对管辖权提出异议，西封药厂提出了管辖权异议。东海省西虹市中级人民法院于 2008 年 9 月作出一审民事判决，判决明珠商城承担赔偿责任。西封药厂和明珠商城不服，认为聂武歪曲事实，法院裁判不公，向东海省高级人民法院提起上诉，该院于 2010 年 5 月 24 日作出民事判决。该判决发生法律效力后，再审申请人明珠商城向最高人民法院申请再审。

最高人民法院于同年 12 月作出民事裁定，提审本案，并于 2011 年 8 月 3 日作出民事裁定，将该案发回东海省西虹市中级人民法院重审。在重审中，明珠商城和西封药厂提出管辖异议；明珠商城提出反诉，主张因原告提起不实诉讼，造成自己商誉受损，要求原告聂武承担赔偿责任。

问题：（共 20 分）

1. 本案中，二审中当事人地位如何确定？（2 分）请简要说明理由。（3 分）
2. 本案中，再审和发回重审，应适用何种程序？（5 分）
3. 本案中，当事人提出管辖权异议是否符合法律规定？（2 分）请简要说明理由。（3 分）
4. 本案中，明珠商城提出的反诉是否符合法定要件？（2 分）法院该如何处理？（3 分）

考点

上诉人确定　发回重审　再审　管辖权异议　反诉

答案

1. 本案中，明珠商城为上诉人，原告聂武为被上诉人，西封药厂为原审第三人。（2分）西封药厂在一审中应被追加为无独立请求权的第三人参加诉讼，其虽然提起上诉，但由于其在一审中没有被判决承担责任，所以，无权作为上诉人参加诉讼。（3分）

注意：根据《民诉解释》第317条的规定，必要共同诉讼人的一人或者部分人提起上诉的，按下列情形分别处理：①上诉仅对与对方当事人之间权利义务分担有意见，不涉及其他共同诉讼人利益的，对方当事人为被上诉人，未上诉的同一方当事人依原审诉讼地位列明；②上诉仅对共同诉讼人之间权利义务分担有意见，不涉及对方当事人利益的，未上诉的同一方当事人为被上诉人，对方当事人依原审诉讼地位列明；③上诉对双方当事人之间以及共同诉讼人之间权利义务承担有意见的，未提起上诉的其他当事人均为被上诉人。

在本案中，首先要明确，若原告以产品质量侵权纠纷为由起诉，则明珠商城和西封药厂可以作为共同被告。但是，本案中，原告是以合同关系作为起诉的诉讼标的，所以，依据合同的相对性，只能起诉销售方明珠商城，而西封药厂应作为无独立请求权第三人参加诉讼。在一审中，西封药厂未被判决承担责任，而明珠商城对其亦无权利义务争议，故西封药厂不能作为上诉人参加诉讼。提起上诉的明珠商城作为上诉人，而原告聂武则应作为被上诉人。

2. 本案再审是由最高人民法院提审，应适用二审程序。（2分）发回重审后，一审法院适用一审普通程序继续审理本案。（3分）

注意：本案再审是由最高人民法院提审，而在提审中，由原审法院的上级法院审理，应一律适用二审程序。发回重审，要撤销一、二审裁判发回一审法院重审，发回重审后，一审法院适用一审普通程序继续审理本案，要另行组成合议庭，不得适用简易程序。

3. 明珠商城应在一审答辩期内提出管辖权异议，在发回重审当中不得提出管辖权异议。（2分）西封药厂在本案中被追加为无独立请求权的第三人，在发回重审程序中仍然被列为无独立请求权的第三人，没有资格提出管辖权异议。（3分）

注意：对于当事人提出管辖权异议的期间，根据《民事诉讼法》第130条的规定，当事人对管辖权有异议的，应当在提交答辩状期间提出。当事人未提出管辖异议，并应诉答辩的，视为受诉人民法院有管辖权，但违反级别管辖和专属管辖规定的除外。由此可知，当事人在一审提交答辩状期间未提出管辖异议，在案件二审或者再审时才提出管辖权异议的，案件管辖权已经确定，人民法院对此不予审查。本案中，案件通过审判监督程序裁定发回一审法院重审，明珠商城是在一审法院的重审中才就管辖权提出异议的。最初一审时，原告聂武的起诉状送达给西封药厂和明珠商城，明珠商城在答辩期内并没有对管辖权提出异议，说明其已接受了一审法院的管辖，管辖权已确定。而且案件经过一审、二审和再审，所经过的程序仍具有程序上的效力，不可逆转。而西封药厂在本案中被追加为无独立请求权的第三人，在发回重审程序中仍然被列为无独立请求权的第三人，是没有资格提出管辖权异议的。

4. 本案中，反诉在主体、管辖、牵连关系方面都符合法定的要求。（2分）但在发回重审程序中提出反诉，法院不得合并审理，应告知当事人另行起诉。（3分）

注意：本案中，反诉在特定主体间提起，反诉的原告是本诉的被告。反诉本身并不属于专属管辖，审理本诉的法院可以基于牵连关系取得对反诉的管辖权。本反诉之间具备因果关系，本诉是提出反诉的原因。从案例中描述的信息看，反诉符合法定的要求。此外，反诉还要求在本诉存续期间提起，审理时适用相同的程序等。同时，要注意到，在本案中，反诉在发回重审程序中提出，根据《民诉解释》第252条的规定，再审裁定撤销原判决、裁定发回重审的案件，当事人申请变更、增加诉讼请求或者提出反诉，符合下列情形之一的，人民法院应当准许：①原审未合法传唤缺席判决，影响当事人行使诉讼权利的；②追加新的诉讼当事人的；③诉讼标的物灭失或者发生变化致使原诉讼请求无法实现的；④当事人申请变更、增加的诉讼请求或者提出的反诉，无法通过另诉解决的。在本案中，不存在法定的特殊事由，因此法院不得合并审理，应告知当事人另行起诉。

案例 9　张璐与龙图纸业有限公司货款纠纷

案情：原告张璐系北山市高港区废品收购站业主，从事废品收购业务。大约自2004年开始，张璐出售废书给被告龙图纸业有限公司（简称"龙图纸业公司"）。2009年4月14日，双方通过结算，龙图纸业公司向张璐出具欠条，载明：今欠张璐废书款壹佰玖拾柒万元整（￥1 970 000.00）。同年6月11日，双方又对后期货款进行了结算，龙图纸业公司向张璐出具欠条，载明：今欠张璐废书款伍拾肆万捌仟元整（￥548 000.00）。双方当事人达成口头约定，将来发生纠纷应由高港区人民法院管辖。因多次催收上述货款无果，张璐向北山市高港区人民法院起诉，请求法院判令龙图纸业公司支付货款251.8万元及利息。除了欠条外，张璐还提供了龙图纸业公司的员工肖某的证言证明借款事实，肖某出庭陈述了证言。

一审法院经审理后判决：被告龙图纸业公司在判决生效之日起10日内给付原告张璐货款251.8万元及违约利息。宣判后，龙图纸业公司向北山市中级人民法院提起上诉。二审审理期间，龙图纸业公司于2009年10月15日与张璐签订了一份还款协议，商定龙图纸业公司的还款计划，张璐则放弃了支付利息的请求。同年10月20日，龙图纸业公司以自愿与对方达成和解协议为由申请撤回上诉。北山市中级人民法院裁定准予撤诉后，因龙图纸业公司未完全履行和解协议，张璐向一审法院申请执行一审判决。北山市高港区人民法院对张璐申请执行一审判决予以支持。龙图纸业公司向北山市中级人民法院申请执行监督，主张不予执行原一审判决。

问题：（共20分）

1. 试分析肖某出庭作证的程序（3分）和其证言的效力（2分）。
2. 本案的协议管辖条款是否有效？（2分）请简要说明理由。（3分）
3. 龙图纸业公司撤回上诉，会产生何种程序法效力？（5分）
4. 龙图纸业公司撤回上诉后，若龙图纸业公司认为一审裁判存在错误，可以如何救济？（5分）

考点

撤诉　证人证言　协议管辖　申请再审

答案

1. 应由当事人向法院在举证期限届满前提出申请，法院通知肖某出庭作证的，应告知肖某如实作证的义务，肖某应签署保证书。（3分）

肖某作为和一方当事人有利害关系的证人，其证言不得单独作为认定案件事实的依据。（2分）

注意：本案中，肖某作为龙图纸业公司的员工，了解案情，也能正确表达，因此可以作为证人出庭。证人必须出庭作证。《民诉解释》第117条规定："当事人申请证人出庭作证的，应当在举证期限届满前提出。符合本解释第96条第1款规定情形的，人民法院可以依职权通知证人出庭作证。未经人民法院通知，证人不得出庭作证，但双方当事人同意并经人民法院准许的除外。"因此，当事人申请证人出庭作证，必须经过法院通知。

本案中，肖某是龙图纸业公司的员工，属于和一方当事人有利害关系的证人。《最高人民法院关于民事诉讼证据的若干规定》第90条规定："下列证据不能单独作为认定案件事实的根据：①当事人的陈述；②无民事行为能力人或者限制民事行为能力人所作的与其年龄、智力状况或者精神健康状况不相当的证言；③与一方当事人或者其代理人有利害关系的证人陈述的证言；……"可以判断该证人证言的证明力较低。

2. 本案中，当事人的协议管辖无效。（2分）当事人以协议的形式约定管辖的法院，必须采用书面形式，口头形式的协议无效。（3分）

注意：《民事诉讼法》第35条规定："合同或者其他财产权益纠纷的当事人可以书面协议选择被告住所地、合同履行地、合同签订地、原告住所地、标的物所在地等与争议有实际联系的地点的人民法院管辖，但不得违反本法对级别管辖和专属管辖的规定。"因此，要达成有效的协议管辖，要满足以下六个条件：①只能协议选择一审案件的管辖法院；②只有合同或其他财产权益纠纷可以协议管辖；③因同居或离婚、解除收养关系发生的财产争议可协议管辖；④必须采用书面协议，口头协议无效；⑤只能协议选择地域管辖，不能协议选择级别管辖；⑥选择被告住所地、合同履行地、合同签订地、原告住所地、标的物所在地等与争议有实际联系的地点作为管辖法院。不符合以上条件的，协议管辖无效。

3. 民事案件二审期间，双方当事人达成和解协议，人民法院准许撤回上诉的，一审判决生效。（2分）和解协议没有强制执行力，对方当事人不履行和解协议的，原告可以向法院申请执行一审判决。（3分）

注意：民事案件二审期间，双方当事人达成和解协议，人民法院准许撤回上诉的，该和解协议未经人民法院依法制作调解书，属于诉讼外达成的协议。一旦当事人撤回上诉，一审判决随即生效，本案中的判决具有给付性内容，具备强制执行力。一方当事人不履行和解协议，另一方当事人申请执行一审判决的，人民法院应予支持。这主要涉及两方面的问题：①和解协议的性质。民事案件二审期间，当事人双方自行就债务履行、终结诉讼等方面内容签订和解协议的性质，属于"诉讼外达成的协议"，不具备强制执行力。②不履行和解协议时应当如何救济。如果发生不履行和解协议的情形，当事人可以申请法院执行一审生效判决，法院对此种请求应予支持。

4. 龙图纸业公司撤回上诉后，一审判决生效。（2分）在满足法定事由的情况下，龙图纸业公司可以在裁判生效之日起6个月内向北山市中院申请再审。（3分）

注意：龙图纸业公司撤回上诉后，一审判决就会生效。对于已经生效的一审判决，当事人不服的，可以向法院申请再审。当事人向法院申请再审的，需要由当事人在法定期间内依据法定事由向有管辖权的法院提出申请。双方当事人均为公民或者一方当事人人数众多的，可以向原审法院申请再审；不满足当事人均为公民或者一方当事人人数众多条件的，应向原审法院的上一级法院申请再审。

案例 10　李润发与董冬梅确认人民调解协议案件

案情：2010年10月29日下午6点20分左右，李润发驾驶两轮摩托车在安乡县安德乡民阜村13组路段由南向北行驶，与由北向南正常行驶的董冬梅正面相撞，李润发当即被撞至不远处的排水沟内，董冬梅等人将李润发送至安乡县安德乡卫生院。后转院至安乡县人民医院。李润发在安乡县人民医院住院治疗12天，于2010年11月10日转院至安德乡卫生院治疗至11月23日出院，在该院治疗13天。李润发先后住院25天，除去农村合作医疗补助，共花去医药费近8000元。在李润发出院前1天，即11月22日，在李润发儿子李俊的邀请下，安德乡四分村村治安主任苏强经原告李润发与董冬梅同意，以村调解委员会的名义为双方进行了调解。调解协议约定由董冬梅一次性赔偿李润发7500元，李润发以后发生什么事，董冬梅一律不负责任。因当时李润发尚在医院，协议由董冬梅与李润发的儿子李俊签字，并得到李润发的认可。

另查明，李润发系无证驾驶，且证人任天禧、高国祥及村治安主任苏强均能证实李润发系酒后驾车，而董冬梅系靠右正常驾驶。董冬梅因此一直未履行调解协议。

问题：（共20分）

1. 李润发应如何实现其在人民调解协议中享有的权利？（5分）
2. 当事人如何向法院申请确认人民调解协议？（5分）
3. 若法院确认人民调解协议无效，当事人可以如何解决纠纷？（5分）
4. 法院审理确认人民调解协议案，程序应如何操作？（5分）

考点

人民调解与诉讼的程序衔接　确认人民调解协议程序规则

> **答案**

1. 李润发和对方当事人达成人民调解协议后，可以依据人民调解协议向法院起诉（2分），要求对方当事人履行人民调解协议，也可以向法院申请确认人民调解协议的效力（3分）。

注意：当事人达成的人民调解协议具有民事合同的效力。李润发和对方当事人达成人民调解协议后，对方当事人不履行人民调解协议，可以依据人民调解协议向法院起诉，要求对方当事人履行人民调解协议。此时，不能就原侵权纠纷向法院起诉，要求法院审理侵权纠纷。另外，当事人可以依据人民调解协议向法院申请确认人民调解协议的效力，法院确认人民调解协议有效后，当事人可以依据确认人民调解协议有效的裁定向法院申请强制执行。

2. 由于本案并非法院邀请的先行人民调解，所以当事人申请确认人民调解协议，应在调解协议生效后的30日内（1分），向当事人住所地、标的物所在地、调解组织所在地的基层人民法院提出（2分）；调解协议所涉纠纷应当由中级人民法院管辖的，向相应的中级人民法院提出（2分）。

注意：根据《民事诉讼法》第201条的规定，经依法设立的调解组织调解达成调解协议，申请司法确认的，由双方当事人自调解协议生效之日起30日内，共同向下列人民法院提出：①人民法院邀请调解组织开展先行调解的，向作出邀请的人民法院提出。②调解组织自行开展调解的，向当事人住所地、标的物所在地、调解组织所在地的基层人民法院提出；调解协议所涉纠纷应当由中级人民法院管辖的，向相应的中级人民法院提出。本案并非法院邀请调解组织展开的先行调解，故要确认人民调解协议的效力，应由双方当事人在调解协议生效后30日内，向当事人住所地、标的物所在地、人民调解委员会所在地的基层法院提出申请。另外，向法院申请确认人民调解协议的效力，可以采用书面形式或者口头形式。

3. 若法院确认人民调解协议无效，当事人可以申请人民调解委员会再次调解（2分），也可以变更原调解协议或达成新的调解协议，或者直接向人民法院起诉（3分）。

注意：根据《民事诉讼法》第202条的规定，人民法院受理申请后，经审查，符合法律规定的，裁定调解协议有效，一方当事人拒绝履行或者未全部履行的，对方当事人可以向人民法院申请执行；不符合法律规定的，裁定驳回申请，当事人可以通过调解方式变更原调解协议或者达成新的调解协议，也可以向人民法院提起诉讼。若法院确认人民调解协议无效，当事人可以申请人民调解委员会再次调解，也可以变更原调解协议或者达成新的调解协议，或者直接向法院起诉。

4. 法院审理确认人民调解协议案，应由审判员独任审理，不需要开庭。（2分）若调解

协议符合法律规定，则认定为有效；若调解协议不符合法律规定，则驳回申请。（3分）

注意：法院审理确认人民调解协议案，属于审理非讼案件，不解决民事纠纷，也没有必要按照审理诉讼程序的方式组织法庭调查或者法庭辩论。因此，法院审理确认人民调解协议案，应由审判员独任审理，不需要开庭。根据《民诉解释》第358条的规定，经审查，调解协议有下列情形之一的，人民法院应当裁定驳回申请：①违反法律强制性规定的；②损害国家利益、社会公共利益、他人合法权益的；③违背公序良俗的；④违反自愿原则的；⑤内容不明确的；⑥其他不能进行司法确认的情形。若调解协议符合法律规定，则认定为有效；若调解协议不符合法律规定，则驳回申请。

案例 11　郭杭州案外人异议之诉

案情： 原告郭杭州在其与李淑芬婚姻关系存续期间购买了上海市方圆区中山路房屋一套及方圆区北翠路房屋一套。其中中山路房屋的房屋产权登记在李淑芬名下，北翠路房屋产权共同登记在原告郭杭州与李淑芬名下。北翠路房屋名下尚有银行抵押贷款，主贷人为李淑芬。

2007 年 10 月 29 日，郭杭州与李淑芬在民政部门登记离婚。2007 年 10 月 31 日，郭杭州与李淑芬签订离婚协议，约定："大儿子郭阳归女方，小儿子郭海归男方；上海市方圆区的两套房屋归男方所有；公司股份由李淑芬占 21.125%、郭阳占 21.125%、郭海占 21.125%、原告郭杭州占 16%，郭阳的股份由女方代管。"该离婚协议目前留存于民政部门。上述离婚协议签订后，协议所涉的房屋产权及公司股份均未发生变更登记。

其后，李淑芬与曲同盛之间产生股权转让纠纷，经法院审理并于 2013 年 3 月 27 日作出民事判决，判令李淑芬于判决生效之日起 10 日内归还曲同盛人民币 2000 万元并支付相应的利息。该判决生效后，因李淑芬不履行判决，故曲同盛向法院申请执行。在执行过程中，法院依法查封了上述中山路房屋及北翠路房屋。

郭杭州在上述房屋被查封后，认为法院侵犯了自己的利益，向执行法院提出异议。其主要理由是，在与李淑芬的离婚协议中已约定了上述两套房屋的所有权归原告所有，仅未办理过户手续。故要求法院解除对系争房屋的查封并中止执行。

法院执行部门对此依法组成合议庭进行了听证审查，并作出执行裁定书，裁定驳回郭杭州提出的异议。原告郭杭州遂提起诉讼，要求保护其相关权利。

问题：（共 20 分）

1. 本案中，曲同盛如何实现其生效判决书中确定的权利？（5 分）
2. 郭杭州的异议被驳回后，可以如何救济自己的权利？（5 分）
3. 郭杭州起诉后，程序应如何进行？（5 分）
4. 为实现曲同盛的人民币 2000 万元及利息等债权，法院可以采取哪些执行措施？（5 分）

考点

申请执行 案外人异议之诉 执行措施

答案

1. 取得生效判决后，债权人可以在判决生效后的 <u>2 年内</u>（2 分），向<u>一审法院及与一审法院同级的被执行财产所在地法院申请执行</u>（3 分）。

注意：本题考查执行该如何启动。由于本题中的生效文书并不属于法院依职权移送执行的范畴，故应由当事人向法院申请执行。当事人要申请执行，必须首先取得生效的执行根据。在本案中，是取得生效的判决书。在执行时效——执行根据生效的 2 年内，向具有执行管辖权的法院申请强制执行。在本案中，由于生效的执行根据是法院作出的，故应由一审法院以及与一审法院同级的被执行财产所在地法院负责执行。

2. 案外人异议被驳回，案外人可以以<u>债权人为被告</u>（2 分），向执行法院提出<u>案外人异议之诉</u>（2 分），要求中止执行或者确认其对执行标的物享有权利（1 分）。

注意：在本案中，执行标的物和生效裁判并没有直接关系，也就是说执行标的物和裁判文书中确定的权利义务无关，因此，不能认定生效裁判文书存在错误，只是在执行中，存在对执行标的物主张权利的案外人。若该案外人真的对执行标的物享有权利，则执行标的物错误，应对案外人的合法权益予以救济。首先，应中止错误的执行措施，为达成这一目的，允许案外人向执行法院提出案外人异议。法院在 15 日内对案外人异议进行实质审查。若案外人异议成立，则执行将中止，案外人的权利得到有效保护；若案外人异议被驳回，应允许案外人向法院起诉债权人，诉讼的目的是请求中止执行或者确认案外人对执行标的物享有的权利，这种诉讼被称为案外人异议之诉。诉讼请求可以要求确认方圆区中山路房屋、方圆区北翠路房屋的所有权归其所有以及解除对前述两处房产的司法查封，停止对该两处房产的执行。

3. 案外人提起案外人异议之诉，应由执行法院管辖（2分），执行法院受理案件后，应中止执行程序（1分），执行法院应适用一审普通程序审理此案，案外人应对其享有足以阻碍执行的权利承担证明责任（2分）。

注意：案外人提起案外人异议之诉，应由执行法院管辖，执行法院受理案件后，应中止执行程序，可以对执行标的物进行查封、扣押，因为执行标的物尚在争议当中，所以不得处分。执行法院审理此案，应适用一审普通程序。案外人对执行标的物主张权利，应对其享有足以阻碍执行的权利承担证明责任。

另外，从本案的实体法依据看，我国《民法典》第209条第1款明确规定，不动产物权的设立、变更、转让和消灭，经依法登记，发生效力；未经登记，不发生效力，但是法律另有规定的除外。双方在离婚协议中约定上述房屋产权均归原告所有，这是李淑芬对自己在系争房屋产权中所拥有份额的处分，该处分行为未经产权变更登记并不直接发生物权变动的法律效果，也不具有对抗第三人的法律效力。因系争房屋的产权未发生变更登记，李淑芬仍为系争房屋的登记产权人，其在系争房屋中的产权份额尚未变动至原告名下，曲同盛作为债权人，要求对债务人名下的财产予以司法查封并申请强制执行，符合法律规定。案外人依据《离婚协议书》对系争房屋产权的约定，要求确认系争房屋的所有权属其所有并要求解除对系争房屋的司法查封、停止对系争房屋执行的诉讼请求，于法无据，法院不应支持。

4. 可以对债务人的财产采取冻结、划拨、查封、扣押、拍卖、变卖等执行措施。（2分）同时，也可以适用搜查财产、对被执行人处以迟延履行利息等执行措施。可以将债务人纳入失信被执行人名单、令其报告财产、限制其消费、进行信用惩戒等。（3分）

注意：本题属于对金钱债权的执行。对金钱债权的执行措施包括冻结、划拨、查封、扣押、拍卖、变卖执行标的物等执行措施。同时，也可以适用搜查财产、对被执行人处以迟延履行利息等执行措施。

案例 12　孙秉承与吴磊存量房买卖居间合同纠纷

案情：2017 年 2 月，孙秉承与吴磊在熊市签订《西虹市城市房屋存量房买卖居间合同》，约定孙秉承将其位于西虹市的一套自有商品房出售给吴磊。合同第 15 条约定，双方在履行合同过程中若发生争议，应协商解决并签订补充协议，任何口头承诺均视为无效；协商不成的，同意提交西虹市住房保障和房产管理局进行协调；协调不成的，申请西虹市仲裁委员会或熊市仲裁委员会仲裁。吴磊分两次分别向孙秉承提供的账户支付了定金人民币 45 000 元和房款人民币 50 万元。

后吴磊因为涉案争议向西虹市仲裁委员会申请仲裁，双方当事人到庭参加了仲裁。2018 年 7 月 20 日，西虹市仲裁委员会作出裁决：一、孙秉承应继续履行与吴磊签订的《西虹市城市房屋存量房买卖居间合同》；二、孙秉承应向吴磊支付违约金 45 000 元；三、孙秉承预交的案件仲裁费 15 870 元（其中案件受理费 12 240 元、案件处理费 3630 元），由孙秉承承担并迳付吴磊。上述第 2、3 项裁决中孙秉承应承担的支付金额合计人民币 60 870 元，孙秉承应于本裁决书送达之日起 10 日内向吴磊一次性支付完毕。

裁决生效后，申请人孙秉承认为仲裁协议无效，仲裁委员会对本案没有管辖权。因此，该仲裁裁决存在错误。

问题：（共 20 分）

1. 若申请人认为仲裁裁决存在错误，可以采用什么方式救济自己的权利？（5 分）
2. 申请人向法院申请后，法院是否应撤销仲裁裁决？（2 分）请简要说明理由。（3 分）
3. 若本案当事人对仲裁协议存在争议，应由何主体进行确认？（5 分）
4. 若该仲裁裁决被撤销，当事人可以如何解决纠纷？（5 分）

考点

仲裁监督　仲裁协议效力确认　撤销仲裁裁决

答案

1. 孙秉承作为本案的债务人，可以在收到裁决后的 6 个月内向仲裁委所在地中院申请撤销仲裁裁决（2 分），也可以由债务人在债权人申请执行后，向执行法院申请不予执行仲裁裁决（3 分）。

注意：仲裁裁决的效力遵循"一裁终局"原则。仲裁裁决一旦作出，立即生效。裁决生效后，对于裁决解决的纠纷，当事人不能向法院起诉，也不能再次申请仲裁。对于仲裁裁决，不能上诉，也不能向法院申请再审。申请人孙秉承认为仲裁裁决有错误，作为本案的债务人，其可以在收到裁决后的 6 个月内向仲裁委所在地中院申请撤销仲裁裁决，也可以由债务人在债权人申请执行后，向执行法院申请不予执行仲裁裁决。要注意，两种救济方式的事由是相同的，所以可以选择两种方式其中之一。若以相同的事由申请撤销后，再以相同的事由申请不予执行，法院不予受理。

2. 本案中，申请人在首次开庭前没有主张仲裁协议无效（2 分），在仲裁裁决作出后又以仲裁协议无效为由请求法院撤销，法院不予支持（3 分）。

注意：本案中，申请人申请撤销仲裁裁决的事由是"仲裁协议无效"。当事人主张仲裁协议无效，应在仲裁庭首次开庭前提出，首次开庭前没有主张仲裁协议无效，在仲裁裁决作出后又以仲裁协议无效为由请求法院撤销或者请求法院不予执行的，法院不予支持。

3. 孙秉承可以向熊市仲裁委员会或西虹市仲裁委员会（2 分）、熊市中院（1 分）、西虹市中院（1 分）、申请人住所地或被申请人住所地中院（1 分）申请确认仲裁协议的效力。

注意：当事人对仲裁协议的效力存在争议，可以向约定的仲裁委员会或仲裁协议签订地、仲裁委所在地、申请人住所地、被申请人住所地的中院申请确认，一方向法院申请确认，另一方向仲裁委申请确认的，法院优先管辖；一方当事人向仲裁委申请确认后，再次向法院申请确认的，法院不予受理。要求确认仲裁协议的效力，应在仲裁庭首次开庭前提出申请。

4. 当事人可以重新达成新仲裁协议（1 分）向仲裁委员会申请仲裁（2 分），也可以向法院起诉（2 分）。

注意：仲裁裁决被撤销后，仲裁裁决失去效力，据以作出仲裁裁决的仲裁协议也失效。当事人不能依据原仲裁协议申请仲裁，但可以重新达成新的仲裁协议向仲裁委员会申请仲裁，也可以向法院起诉。

声 明　　1. 版权所有，侵权必究。

　　　　　2. 如有缺页、倒装问题，由出版社负责退换。

图书在版编目（CIP）数据

2023年国家法律职业资格考试主观题采分有料. 民诉法/刘鹏飞编著. —北京：中国政法大学出版社，2023.7
ISBN 978-7-5764-0973-4

Ⅰ. ①2… Ⅱ. ①刘… Ⅲ. ①民事诉讼法－中国－资格考试－自学参考资料 Ⅳ. ①D920.4

中国国家版本馆CIP数据核字(2023)第120716号

出 版 者	中国政法大学出版社
地　　址	北京市海淀区西土城路25号
邮寄地址	北京100088 信箱8034分箱　邮编100088
网　　址	http://www.cuplpress.com（网络实名：中国政法大学出版社）
电　　话	010-58908285(总编室) 58908433（编辑部）58908334(邮购部)
承　　印	三河市华润印刷有限公司
开　　本	787mm×1092mm　1/16
印　　张	7.5
字　　数	185千字
版　　次	2023年7月第1版
印　　次	2023年7月第1次印刷
定　　价	47.00元

厚大法考（北京）2023年二战主观题教学计划

班次名称	授课时间	标准学费（元）	授课方式	阶段优惠(元) 7.10前	阶段优惠(元) 8.10前	配套资料
主观旗舰A班	6.6~10.10	56800	网授+面授	2022年主观题分数≥90分的学员,2023年未通过,全额退费；≤89分的学员,2023年未通过,退46800元。		本班配套图书及内部讲义
主观旗舰B班	6.6~10.10	36800	网授+面授	已开课		
主观集训A班	7.15~10.10	46800	面授	2022年主观题分数≥90分的学员,2023年未通过,全额退费；≤89分的学员,2023年未通过,退36800元。		
主观集训B班	7.15~10.10	26800	面授	18800	19800	
主观特训A班	8.15~10.10	36800	面授	2022年主观题分数≥90分的学员,2023年未通过,全额退费；≤89分的学员,2023年未通过,退26800元。		
主观特训B班	8.15~10.10	19800	面授	14800	15800	

其他优惠：
1. 3人（含）以上团报，每人优惠300元；5人（含）以上团报，每人优惠500元。
2. 厚大老学员在阶段优惠基础上再优惠500元，不再适用团报政策。
3. 协议班次无优惠，不适用以上政策。

【总部及北京分校】北京市海淀区花园东路15号旷怡大厦10层　　电话咨询：4009-900-600-转1-再转1

二战主观面授咨询　　厚大法考服务号

厚大法考（上海）2023年主观题面授教学计划

班次名称		授课时间	标准学费（元）	阶段优惠(元)		备注
				7.10前	8.10前	
至尊系列	九五至尊班	5.22~10.12	199000（专属自习室）	①协议班次无优惠,订立合同；②2023年主观题考试过关,奖励30000元；③2023年主观题考试未过关,全额退还学费,再返30000元；④资深专业讲师博导式一对一辅导。		本班配套图书及内部资料
			99000（专属自习室）	①协议班次无优惠,订立合同；②2023年主观题考试未过关,全额退还学费；③资深专业讲师博导式一对一辅导。		
	主观尊享班		45800（专属自习室）	已开课		
	主观至尊班	6.25~10.12	39800（专属自习室）	40000	已开课	
大成系列	主观长训班	6.25~10.12	32800	28800	已开课	
	主观集训VIP班	7.20~10.12	25800	①专属辅导,一对一批阅；②赠送专属自习室。		
	主观集训班A模式			21800	23800	
	主观集训班B模式			①协议班次无优惠,订立合同；②2023年主观题考试未过关,退15800元。		
	主观特训班	8.20~10.12	22800	18800	19800	
	主观高效提分VIP班	9.3~10.12	18800	①专属辅导,一对一批阅；②赠送专属自习室。		
	主观高效提分班A模式			16800	17800	
	主观高效提分班B模式			①协议班次无优惠,订立合同；②2023年主观题考试未过关,退10000元。		
冲刺系列	主观短训班	9.20~10.12	13800	9800	10800	
	主观短训VIP班			①专属辅导,一对一批阅；②赠送专属自习室。		
	主观决胜班	9.25~10.12	12800	7800	8800	
	主观决胜VIP班			①专属辅导,一对一批阅；②赠送专属自习室。		
	主观点睛冲刺班	10.5~10.12	6800	4580	4980	

其他优惠：

1. 多人报名可在优惠价格基础上再享团报优惠：3人（含）以上报名,每人优惠200元；5人（含）以上报名,每人优惠300元；8人（含）以上报名,每人优惠500元。
2. 厚大面授老学员报名再享9折优惠。

PS：课程时间将根据2023年司法部公布的考试时间作相应调整。

【松江教学基地】上海市松江大学城文汇路1128弄双创集聚区3楼301室　咨询热线：021-67663517
【市区办公室】上海市静安区汉中路158号汉中广场1204室　咨询热线：021-60730859

厚大法考APP　　厚大法考官博　　上海厚大法考官博　　上海厚大法考官微

厚大法考(成都)2023年主观题面授教学计划

班次名称		授课时间	标准学费(元)	授课方式	阶段优惠(元)			配套资料
					7.10前	8.10前	9.10前	
大成系列(全日制脱产)	主观集训A班	7.8~10.7	25800	直播+面授	16800	已开课		二战主观题资料包(考点清单、沙盘推演、万能金句电子版)+随堂内部讲义
	主观集训B班	7.8~10.7	25800	直播+面授	签订协议，无优惠。2023年主观题未通过，退20000元。专属辅导，一对一批阅。			
	主观特训A班	8.10~10.7	22800	直播+面授	13800	14800	已开课	
	主观特训B班	8.10~10.7	22800	直播+面授	签订协议，无优惠。2023年主观题未通过，退17000元。专属辅导，一对一批阅。			
冲刺系列(全日制脱产)	主观短训A班	9.18~10.7	16800	直播+面授	9080	9380	9580	沙盘推演+万能金句电子版+随堂内部讲义
	主观短训B班	9.18~10.7	16800	直播+面授	签订协议，无优惠。2023年主观题未通过，退15800元。专属辅导，一对一批阅。			
	主观衔接班	9.25~10.7	12800	直播+面授	8080	8580		随堂内部讲义
	主观密训营	10.1~10.7	11800	面授	5080	5580		
周末系列(周末在职)	主观周末全程班	4.3~10.7	20800	直播+面授	11800	12800	13800	二战主观题资料包(考点清单、沙盘推演、万能金句电子版)+随堂内部讲义
	主观周末特训班	8.5~10.7	16800	直播+面授	9080	9380	9580	

其他优惠：

1. 多人报名可在优惠价格基础上再享团报优惠：3人（含）以上报名，每人优惠200元；5人（含）以上报名，每人优惠300元；8人（含）以上报名，每人优惠400元。
2. 厚大老学员（直属面授）报名再享9折优惠，厚大老学员（非直属面授）报名优惠200元。
3. 公检法司所工作人员凭工作证报名优惠500元。

【成都分校】四川省成都市成华区锦绣大道5547号梦魔方广场1栋1318室　　咨询热线：028-83533213

厚大法考APP　　厚大法考官博　　成都厚大法考官微

厚大法考(郑州)2023年二战主观题教学计划

	班次名称	授课时间	标准学费(元)	授课方式	阶段优惠(元) 7.10前	阶段优惠(元) 8.10前	配套资料
大成系列	主观集训A班	7.20~10.10	36800	网授+面授	2022年主观题分数≥90分的学员,若2023年主观题未通过,全额退费;2022年主观题分数≤89分的学员,若2023年主观题未通过,退26800元。一对一批改服务、班班督学、一对一诊断学情、针对性提升、课程全面升级。		配备本班次配套图书及随堂内部资料
	主观集训B班	7.20~10.10	29800	网授+面授	11300	已开课	
	主观特训A班	8.20~10.10	31800	网授+面授	协议保障,若2023年主观题未通过,退21800元。一对一批改服务、班班督学、一对一诊断学情、针对性提升、课程全面升级。		
	主观特训B班	8.20~10.10	25800	网授+面授	9800	10300	

其他优惠:

1. 多人报名可在优惠价格基础上再享团报优惠:3人(含)以上报名,每人优惠180元;5人(含)以上报名,每人优惠280元。
2. 厚大面授老学员在阶段优惠价格基础上再优惠500元,不再享受其他优惠,冲刺班次和协议班次除外。

【郑州分校地址】 河南省郑州市龙湖镇(南大学城)泰山路与107国道交叉口向东50米路南厚大教学
咨询电话:杨老师 17303862226　李老师 19939507026　姚老师 19939507028

| 厚大法考APP | 厚大法考官微 | 厚大法考官博 | QQ群:712764709 | 郑州厚大官博 | 郑州厚大官微 |

厚大法考(西安)2023年主观题面授教学计划

班次名称		授课时间	标准学费(元)	授课方式	阶段优惠(元)		
					6.10前	7.10前	8.10前
大成系列	主观旗舰A班	5.12~10.8	36800	网授+面授	2022年主观题分数≥90分的学员,2023年未通过,全额退费。2022年主观题分数<90分的学员,2023年未通过,退28000元。		
	主观旗舰B班	5.12~10.8	18880	网授+面授	12380	已开课	
	主观通关A班	6.18~10.8	25800	网授+面授	2023年主观题未通过,退16000元。座位优先,面批面改,带练带背。		
	主观通关B班	6.18~10.8	16800	网授+面授	11880	12380	已开课
	主观集训A班	7.10~10.8	21800	网授+面授	2023年主观题未通过,退12000元。座位优先,面批面改,带练带背。		
	主观集训B班	7.10—10.8	13880	网授+面授	10880	11380	11880
	主观特训A班	8.20~10.8	18800	网授+面授	2023年主观题未通过,退10000元。座位优先,面批面改,带练带背。		
	主观特训B班	8.20~10.8	11880	网授+面授	8880	9380	9880

其他优惠:

1. 多人报名可在优惠价格基础上再享团报优惠:3人(含)以上团报,每人优惠300元;5人(含)以上团报,每人优惠500元;8人(含)以上团报,每人优惠800元。
2. 老学员优惠500元,不再享受其他优惠。
3. 协议班次无优惠,不适用以上政策。

【西安分校地址】 陕西省西安市雁塔区长安南路449号丽融大厦1802室

厚大法考APP　　厚大法考官博　　西安厚大法考微信公众号　　西安厚大法考QQ服务群　　西安厚大官博

厚大法考(广州)2023年主观题面授教学计划

班次名称		授课时间	标准学费(元)	阶段优惠(元)			配套资料
				7.10前	8.10前	9.10前	
全日制脱产系列	主观集训班	7.8~10.7	30800	18800	20800	——	二战主观题资料包(考点清单、沙盘推演、万能金句电子版)+课堂内部讲义
	主观暑期班	7.8~9.3	20800	11800	12800	——	
	主观特训班	8.10~10.7	23800	14800	15800	16800	
周末在职系列	主观周末全程班(视频+面授)	5.6~10.7	20800	已开课			
	主观周末特训班	8.5~10.7	16800	12300	12800	13800	
冲刺系列	主观短训班	9.18~10.7	19800	10300	10800		沙盘推演+万能金句电子版+课堂内部讲义
	主观衔接班	9.25~10.7	14800	8000	9000		课堂内部讲义
	主观密训营	10.1~10.7	11800	5500	6000		随堂密训资料

其他优惠： 详询工作人员

【广州分校】 广东省广州市海珠区新港东路1088号中洲交易中心六元素体验天地1207室
咨询热线：020-87595663　020-85588201

厚大法考APP　　厚大法考官博　　广州厚大法考官微

厚大爱题库
专于考试精于题

爱题库APP　　爱题库 微博

法考刷题，就用厚大爱题库！

多： 2002-2021，主观题客观题，模拟题真题，应有尽有。

细： 名词解析细致，法条罗列清晰，重点明确，解析精细。

新： 按照新考纲、新法条及时修改解析，越新越应试。

趣： 法考征途，边做题边升级，寓学于乐，助力法考！